OTTO GILL

Maria am Spinnrad

Hochpreist meine Seele den
und mein Geist frohlockt übe
meinen Heiland;
er schaute gnädig hera
auf die Niedrigkeit seiner M
Denn siehe, von nun an werde
seligpreisen alle Geschlech
Magnificat (Lk 1,46–4

VIA·VERITAS·VITA

OTTO GILLEN

Maria am Spinnrad

LEGENDEN AUS DEM LEBEN
UNSERES HERRN UND HEILANDES UND
SEINER LIEBEN MUTTER

CHRISTIANA-VERLAG STEIN AM RHEIN

Otto Gillen (1899–1986) Studium in Berlin, Köln, Kiel, dort Promotion zum Dr. phil. Staatsexamen in Deutsch, Philosophie, Kunstgeschichte in Bonn. Literatur- und Theaterkritiker, Dozent und Meditationslehrer. Ab 1946 nach Kriegsgefangenschaft 25 Jahre Feuilletonchef der «Badischen Nachrichten» in Karlsruhe. 1954 Literaturpreis der Stadt Karlsruhe. Zahlreiche literarische Werke. Als Kunsthistoriker Mitarbeiter am Reallexikon der deutschen Kunstgeschichte und Lexikon der christlichen Ikonographie. Er ist Herausgeber der ersten deutschen Ausgabe des «Hortus deliciarum» der Herrad von Landsberg in der Pfalz.

Bildlegenden:
Erste Umschlagseite: Gerard David (1460–1523), niederländischer Maler, nach Memlings Tod Haupt der Brüsseler Malerschule, «Süppchen-Madonna», Genua, Palazzo Bianco.
Seite 2: Das Kind Maria mit dem Spinnrocken. Gemalt von dem spanischen Künstler Juan de las Roclas (um 1559–1625).

Photonachweis:
Erste Umschlagseite: Enrico Polidori, fotographo, Genua.
Vierte Umschlagseite: Städelsches Kunstinstitut Frankfurt am Main.

Vierte Auflage 1991: 16.–20. Tausend

Druck: Bargezzi AG, Bern – Printed in Switzerland

Die Deutsche Bibliothek – CIP-Einheitsaufnahme
Gillen, Otto:
Maria am Spinnrad: Legenden aus dem Leben unseres Herrn und Heilandes und seiner lieben Mutter/Otto Gillen. – 4. Aufl., 16.–20. Tsd. – Stein am Rhein: Christiana-Verl., 1991
ISBN 3-7171-0947-2

INHALT

REGISTER

der in den Legenden vorkommenden Gestalten, Pflanzen und Tiere

Maria am Spinnrad

Die heilige Jungfrau saß in der himmlischen Wohnung und blickte auf die Erde hinab, über der die Schatten der Sünde und des Todes lagen. Sooft sie hinabsah, erfaßte sie ein großes Mitleid, und sie gedachte voll Verlangen der Zeit, da denen in der Finsternis das verheißene Licht erscheinen sollte. Gottvater hatte ihr nämlich das Geheimnis schon kundgetan, daß sein eigener Sohn die Verlorenen erlösen würde, daß er hinabgehen würde, in vielen Mühen und Leiden den Menschen gleich zu werden, und daß ihm nichts erspart bleiben würde von all dem Jammer, den die Erde für ihre Kinder bereit hält. Hunger und Blöße, Tränen und Kälte würde er ertragen müssen vom ersten Tag an, dazu viel Verfolgung und arge Verkennung, zuletzt den Tod, einen Tod der Schmach, wie er sonst nur den Verworfensten unter den Menschen zuteil wird. Und er wird nichts haben, wohin er sein Haupt lege.

Da erschauerte die heilige Jungfrau in ihrem zarten Wesen, und sie erschrak sehr. Ach, dachte sie, wenn ich doch — o nein, das kann ich nicht einmal zu denken wagen, wie dürfte ich das wünschen! Aber vielleicht würde es mir erlaubt, seine und seiner Mutter Schaffnerin zu sein, ihnen mit Diensten an die Hand zu gehen früh und spät? Wie wollte ich mich da sputen, wie wollte ich der Hochgebenedeiten alle Mühsale abnehmen, daß sie nichts tun sollte als bloß ihr Kindlein herzen und ihm alles Liebe erweisen, was nur eine Mutter ihrem herzlieben Kinde tun kann. Ich aber wollte hin und wider gehen und die geringste Arbeit tun und keinen anderen Lohn haben als einen Blick aus den Augen der Mutter und zu guter Stunde einen Blick aus den Augen des Gotteskindchens.

Wie sie das recht innig bedachte, war ihr, als würde es gewiß in Erfüllung gehen, und ihr Herz schlug darob höher, sie war froh, und ihre Augen lachten. Die Engel fragten sie, warum sie denn so fröhlich sei. „O ihr Engel“, sagte sie darauf, „ich werde die Magd des Herrn sein!“ Als nun die Engel noch mit großen Augen dastanden, fiel ihr ein, sie könnte jetzt schon ein wenig tun. „Bringt mir ein Spinnrad und Wolle von den weißesten Lämmern, die auf der Himmelswiese weiden“, sagte sie zu den Engeln, und sie brachten es ihr. Nun wollten sie gar zu gern wissen, was es mit diesen Sachen und den geheimnisvollen Worten von der Magd des Herrn auf sich habe. Maria aber lächelte fein, doch verriet sie nichts; sie wies nur auf die Erde hinab und sagte: „Die Zeit ist bald da. Ich will jetzt schon spinnen, damit das schon getan ist, wenn der Tag kommt.“

Und sie spann und gab sich daran, aus der Wolle ein Wams für das Jesuskind zu machen. So eifrig war sie bei der Arbeit, daß ab und zu ein Flöcklein der Wolle ihren Fingern entglitt und zur Erde hinabschwebte. Die Himmelswinde nahmen es dann auf ihre Flügel und trugen es in abgelegene Gegenden der Erde, auf hohe Berggipfel und unzugängliche Felsgrate, damit die Menschen es nicht gleich mit ihren groben Händen entweihen könnten.

Lange Zeit danach, als der Heiland schon geboren und wieder in den Himmel aufgefahren war, wurde hier und da ein frommer Bergsteiger an der Hand seines Schutzengels auf jene fernen Gipfel und Steilhänge geführt, auf die vor Zeiten die Himmelsflocken gefallen waren. Und siehe da, sie fanden einen weißen, wolligen Blumenstern, das Edelweiß; das war aus den Flocken erblüht, die zur Zeit des himmlischen Advent Mariens Händen entglitten sind.

Als die Menschen die Blume sahen, erstaunten sie über ihre zarte, samtene Schönheit. Es erschien ihnen wie ein Wunder, daß der weiße Stern nicht wie andere Blumen nach kurzer Zeit verwelkte und häßlich wurde. Aber nur wenigen ward ihr Geheimnis kundgetan, stillen, versonnenen Wanderern, denen der einsame Gang in die Berge ein Gleichnis der beschwerlichen Wanderung der Seele zum Himmel ist. Diese sind es auch, die im Angesicht der Blumen wie in kleinen Spiegeln einen Widerschein der Schönheit Gottes sehen und darum die Blumen sonderlich ehren. Sie haben nichts gemein mit den Räuberischen, Habgierigen, Prahlsüchtigen, die dem Edelweiß wie einem Wild nachspüren. Viele von ihnen sind nicht zurückgekehrt; die Geschichte aller Gebirgsdörfer weiß von seltsamen Schicksalen zu erzählen, die sich an die unverwelklichen Flocken Mariens knüpfen. Denk daran, wenn du einmal in der Bergwildnis dieser Blume begegnest, denk daran, daß sie ebenso segnen wie strafen kann, sie sieht es dir an den Augen an, ob Gier in dir ist oder Ehrfurcht.

Mariens Fahrt über Land

Unsere Liebe Frau war auf dem Wege zu ihrer Base Elisabeth. Gar zu bald überraschte sie die Nacht, es wurde auf einmal so finster, daß sie den Weg nicht mehr sehen konnte. Da hob sie betend die Augen zum Himmel auf, und siehe da, die Sterne kamen hervor, als hätte Gottvater mit einem Ruck einen Vorhang weggezogen. Aber noch war es beim blassen Sternenlicht nicht hell genug, und der Jungfrau Fuß stieß an Wurzel und Stein. Da gab der himmlische Vater einer ganzen Gesellschaft herumschwirrender Käfer Laternen, damit sollten sie Maria über den Weg leuchten, solange es Nacht war, und sie taten es mit Fleiß und Andacht. Das sind die Glühwürmchen, die in den Sommernächten wie närrisch durch die Luft taumeln. Damals, als sie der allerseligsten Jungfrau wie eine Prozession winziger Chorknaben voranzogen, waren sie freilich größer, und ihre Laternen leuchteten besser, aber ganz haben sie ihr Licht nicht verloren, es brennt heute noch in schwachem Schimmer zum Andenken an jene wundersame Nacht, da Unsere Liebe Frau über das Gebirge wanderte.

Am Morgen war sie sehr müde und setzte sich am Wegrand nieder. Hinter ihr flüsterte und wisperte es im Ährenfeld, als raunten sich die Halme ein Geheimnis zu. Maria lächelte, griff spielend nach dem roten Mohn und pflückte einen Strauß davon, während über ihr die Lerchen auf einer Strahlenleiter in den klaren Morgenhimmel stiegen. Da sah sie ein Fuhrwerk des Weges kommen und stand auf. Der Mann auf dem Bock machte ein mürrisches Gesicht und wollte weiterfahren, aber das Pferd blieb von selbst stehen, und Maria trat herzu und bat den Fuhrmann, sie in Gottes Namen mitzunehmen, sie könnte nicht weitergehen, die Füße täten ihr weh.

Ja, aber nur ein kleines Stück, sagte der Mann, er müsse gleich zu seinem Hof abbiegen und wolle wegen ihr nicht zu spät zum Mittagessen kommen.

Maria sah ihn mit ihren großen, kindlichen Augen an, dann sagte sie: „Ihr werdet zeitig zu Hause sein." Da lachte der Mann ein wenig spöttisch, machte aber eine Bewegung mit der Hand, das hieß, sie solle nur heraufkommen und sich neben ihn auf den Bock setzen. Kaum hatte sie Platz genommen, als das Pferd anzog. In flotter Fahrt ging es durch das blühende Land. Die Obstbäume, unter denen sie hinfuhren, streuten ihre Blütenblätter über die heilige Jungfrau aus, in ihrem Haar spielte der Wind, ein Sonnenstrahl lag still auf ihren Händen. Der Fuhrmann mußte immerzu, ob er wollte oder nicht, auf die Mohnblumen gucken, die in der Jungfrau Arm lagen, und es dauerte nicht lange, so schlief er ein; der Mohn hatte ihn mit seinem Schlafzauber umfangen.

Jetzt führte ein Engel das Pferd, und wie es lief, summte Maria ein Lied vor sich hin. Und der Tag wurde immer blauer, die Vögel kamen aus dem Gebüsch geflattert, verbeugten sich artig und sangen hinter dem Wagen her. Die Rehe standen im hohen Gras und hoben den Kopf und sahen mit ihren sanften Augen zu Maria hin, und wo ein Kind das Fuhrwerk kommen sah, sperrte es vor Verwunderung Äuglein und Mund auf. Vor dem Haus des Zacharias hielt das Pferd an, und die heilige Jungfrau stieg ab. Da kam ihr aus der Tür die Base Elisabeth entgegen, und da sie sich umarmten, ward Maria von solcher Dankbarkeit gegen Gott ergriffen, daß sie sich nicht mehr verhalten konnte und anfing, den Herrn aus übervollem Herzen zu loben und zu benedeien.

Das Pferd lief, während sein Herr noch schlief, ohne zu verschnaufen den Weg wieder zurück. Erst unter dem Tor seines Hofes erwachte der Fuhrmann. Er rieb sich die Augen; es kam ihm vor, als habe er sehr lange geschlafen. An der Sonne aber sah er, daß es noch nicht Mittag war. Als er abstieg, erhob sich von dem Platz, auf dem die heilige Jungfrau gesessen hatte, ein großer, lilienweißer Schmetterling und flog in langsamem, schaukelndem Flug über das reifende Feld.

Im Stall von Bethlehem

Als die Zeit sich erfüllt hatte, wurde in einem Stall zu Bethlehem der Sohn Gottes geboren. Als ein schwaches Kind kam er in diese Welt des Elends, er war gar noch schlimmer daran als die anderen Menschenkinder, seine Mutter hatte kein weiches Bettlein für ihn bereitstehen, sie hatte nicht einmal genug Windeln, und das arme Kind weinte in seiner ersten Stunde, daß es durch die dünnen Wände des Stalles kläglich in die

Nacht klang. Gottvater schickte es nun, daß ein Bauer des Weges kam, stehenblieb und horchte. Er war auf dem Weg zu seinem Feld, wo er bei Sonnenaufgang säen wollte. Wie er nun das Weinen in dem Stall hörte, erfaßte ihn ein großes Mitleid; er dachte an sein eigenes Büblein, das jetzt friedlich im Schlaf lag, und ging in den Stall hinein. Da sah er die himmelschreiende Armut der Fremden, nahm sein Sätuch von der Schulter und reichte es Mutter Maria, daß sie es als Windel für ihr Kind nehme. Maria war über das Geschenk um ihres armen Kindes willen herzlich froh, sie dankte dem Mann und segnete ihn in ihrem Herzen, und weil es just ein Bauer war, der als erster Mensch dem Heiland einen kleinen Liebesdienst tun konnte, ist der Bauer allezeit gesegnet in seinem Tun. Er hat in aller Verwirrung und Verkehrtheit der Zeiten ein frommes, lauteres Gemüt bewahrt, seine Seele ist fest gegründet wie das Erdreich, über das er schreitet.

Als der Bauer gegangen war, schloß der heilige Joseph die Türe gut hinter ihm zu, aber die Kälte ließ sich so leicht nicht aussperren. Das Christkindlein zitterte in dem Sätuch, und seine Mutter wußte sich endlich keinen anderen Rat, als dem Ochsen einen Arm voll Heu wegzunehmen, um ihr Kind ein wenig weicher und wärmer zu betten. Der Ochse aber drehte sich um und rupfte das Heu wieder aus der Krippe. Dafür hat er bis auf den heutigen Tag eine unersättliche Freßgier behalten, selbst wenn er sich hinlegt und ruht, muß er kauen, sein breites Maul ist immerfort in Tätigkeit, und wenn er schläft, träumt er vom Heu.

Ein klitzekleiner Vogel, der Zaunschlupfer, wollte die Grobheit des Ochsen gutmachen. Das unscheinbare Kerlchen war gar verachtet in der ganzen Vogelsippschaft, und manchmal kam es sich selber ganz unnütz vor. In der Heiligen Nacht aber konnte es dem lieben Jesusknaben nahe sein, und da freute es sich, daß es so klein war, sonst hätte es doch nicht hinein gekonnt. Es fand nämlich in der Bretterwand ein Loch, dort saß es und sah mit seinen schwarzen Perlaugen in den zarten Glanz, der von dem göttlichen Kinde ausging. Lange saß es so wie geblendet, und es dauerte eine ganze Weile, bis es auch das andere sah, das Elend und die Dürftigkeit; endlich merkte es auch, wie das Kind in der Krippe zitterte und wie die heilige Mutter seine kalten Händchen mit ihrem Atem wärmte. Das ging dem kleinen Vogel wie ein Stich durchs Herz. Sogleich machte er sich auf und suchte in der Umgegend von Bethlehem alte Bäume, Dächer und Mauern nach Moos ab, das trug er im Schnabel zum Stall und gab sich daran, die Krippe auszupolstern. Es war nicht gerade viel, was das Vöglein in der Nacht herbeitrug; ob es auch hundertmal hin und widerflog, so brachte es doch nicht mehr zusammen, als zu einem rechten Zaunschlupfernest nötig ist. Aber Jesus und seine heilige Mutter sehen nicht auf die Größe der Gabe, sondern auf die Größe der Liebe, mit der sie gegeben wird. So hat die Jungfrau Maria für den verachteten Vogel einen besonderen Dank gehabt: sie gab ihm den Namen eines Königs. Seit der Heiligen Nacht heißt der Zaunschlupfer nur noch „Zaunkönig".

Die Engel

Über dem Felde von Bethlehem erschienen die himmlischen Heerscharen, und die Hirten erschraken sehr. Das kann man sich denken: diese einfältigen Männer, die kaum einmal richtig träumen, weil sie viel zu fest schlafen, wachen plötzlich auf und sehen den Himmel offen, sehen wie Sonnenstrahlen durch ein Wolkenloch aus dem Abgrund des Himmels unermeßliche Scharen von Engeln sich ergießen. Es waren darunter Engel aller Farben und Ordnungen, die Farben und der Glanz aller Edelsteine, und es waren darunter die Engel, die auf feurigen Rädern stehen, und solche, deren sechs Flügel über und über mit Augen bedeckt sind. Der Anblick eines einzigen dieser Engel hätte einen Heiligen zittern gemacht. Nun waren es mehr Engel, als ein ganzer Himmel voll kleinster Lämmerwolken; zuoberst, hinter den Sternen, war der erste Kreis, der war heller als der Vollmond, die Sterne wurden blaß vor seinem Glanz. Dann kamen andere Kreise, immer einer vor dem anderen, doch so, daß man durch alle hindurch bis zum letzten sehen konnte. Je näher sie der Erde kamen, desto kleiner wurden sie; es sah aus wie ein ungeheurer Berg, dessen Fuß im Himmel stand und dessen Spitze der große Engel bildete, der den Hirten die frohe Botschaft brachte. Wenn er auch ein freundliches Gesicht machte und den Männern sagte, sie sollten sich nicht fürchten, so hatten sie doch mächtig Angst. Wäre die schöne Musik nicht gewesen und das wunderbare Gloriasingen, von dessen Herrlichkeit man sich gar keinen Begriff machen kann, dann wären sie vor Angst gewiß gestorben. Es dauerte eine ganze Weile, bis sie sich von ihrem Schrecken erholten und sich von oben bis unten betrachteten, ob sie denn noch die alten Schafhirten seien. Der eine schlug sich aufs Knie, der andere biß sich in die Finger, ein dritter betastete Fell, Mantel, Brottasche und ließ das Wasser in der Kürbisflasche an seinem Ohr gluckern. Sie zwinkerten sich aus kleinen Augen an, als müßten sie immer noch in ein großes Licht gucken, und wenn einer von ihnen vielleicht glaubte, er könnte geträumt haben, so sah er jetzt an den Gesichtern seiner Genossen, daß alles seine Richtigkeit hatte.

Der Gesang der Engel war verstummt, der Himmel war blauschwarz, von friedlichen Sternen übersät. Nur eine einzige Wolke, schimmernd wie Perlmutter, Mondstein und Opal, schwebte dahin, das war die Schar der heimkehrenden Engel. Als die Hirten die ferne Wolke sahen, faßten sie sich ein Herz, sprangen auf und kamen miteinander überein, den Worten des Engels zu folgen und den neugeborenen Heiland sogleich aufzusuchen. Kaum hatten sie das beschlossen, als sie von einer unbändigen Freude erfaßt wurden, von einer Freude, die viel größer und auch ungeduldiger war als die Freude der Kinder am Heiligen Abend. Sie sollten ja nicht einen Gabentisch sehen mit einer papierenen Krippe darauf, sondern die richtige Krippe des Heilands und gar den Heiland selber! Es war ihnen, als warte das Christkind schon auf sie, und so liefen sie denn hin in die Nacht. Ein Hirtenjunge drehte sich alle drei Schritte um sich selber und lachte, und die anderen lachten auch und liefen und sprangen in einem fort, bis sie im Stall waren. Die Hunde waren mit ihnen gekommen, so lagen die Hürden mit den Schafen ganz verlassen im Dunkel der Nacht. Daran hatten die Hirten gar nicht gedacht; in ihrer Freude hatten sie alles stehen- und liegengelassen und selbst ihre Herde vergessen, die sie doch sonst keinen Augenblick im Stich ließen. Die hungrigen Wölfe der Gegend witterten die gute Gelegenheit und schlichen in ganzen Rudeln näher und näher an die Hürden heran. Verängstigt drängten sich die Schafe in einer Ecke zusammen und blökten gar jämmerlich. Doch kein menschliches Ohr hörte die Klagerufe; nur einer vernahm sie, der göttliche Heiland in der Krippe. Und er gedachte schon den ersten Tag seines irdischen Daseins mit einem Zeichen der Liebe zu den Menschen zu beginnen und den Hirten, die um seinetwillen die Herden verlassen hatten, eine Freude zu machen. Aber was tat er nun Großes? Er weinte nur, so wie Kinder in kalter Nacht weinen, und der Hütejunge, der vorhin auf dem Weg so toll getanzt und gelacht hatte, reichte ganz still Maria sein Schulterfell, damit sie ihr Kind besser zudecken könne. Die heimkehrenden Engel, die schon weit unter dem Himmel schwebten, vernahmen mit ihrem Gehör das Weinen des Jesuskindes. Und sie kehrten wieder zurück, um durch ihren Gesang das arme Kind zu trösten. Von ihrem Gesang, der roten Lohe der Seraphim und dem saphirnen Leuchten der Cherubim wurde die Nacht über Bethlehem und den benachbarten Gefilden wunderbar erhellt. Auch die Hürden lagen in blendendem Licht, und die Wölfe flohen erschrocken in den Schatten der Wälder. Der taghelle Glanz hielt an, bis die Hirten zurückgekehrt waren; und da sie das Wunder sahen, fielen sie auf die Knie nieder und dankten Gott.

Das Blütenwunder

In der Christnacht, als der große Gott Mensch wurde, ging ein Freudenschauer durch die ganze Schöpfung. Das Meer rauschte auf und jauchzte mit starker Stimme wie ein Donner, die Wälder erbrausten wie tausend Orgeln in hohen Domen, die Ströme wallten frohbewegt durch die Ebenen. Manch ein Mensch tat plötzlich die Augen auf, weil sein Herz im Schlaf einen Freudensprung getan; da war es dem Schläfer, als habe ihn sein Schutzengel geweckt und ihm im Augenblick des Aufwachens ein Wort gesagt, darüber man lange nachdenken muß und kommt doch an kein Ende. In allen Sprachen ist das Wort verschieden, aber für alle hat es den gleichen tiefen, wunderbaren Klang: Gott! Gott ist da!

Das Wort haben in der Heiligen Nacht auch die Blumen und Pflanzen verstanden; nicht weit vom Stall bei Bethlehem stand ein Baum, der vor Freuden gar zu blühen anfing. Es war ein alter Apfelbaum, von dem die Leute sagten, er sei von Adam selbst gepflanzt. Das wird man nicht leicht glauben, und es ist auch wirklich übertrieben. Soviel ist aber daran wahr, daß er seine Ahnenreihe bis auf Adam zurückführen kann; das will schon etwas heißen. Als nämlich der Engel auf Befehl Gottes die Stammeltern aus dem Paradies vertrieb, gab er Adam einige Samenkörner von dem Baum der Sünde mit und gebot ihm, die Körner zu säen. Aus dem Samen wuchs ein Apfelbaum, der die ersten Menschen, sooft sie ihn sahen, an ihre Sünde erinnerte und die Sehnsucht nach dem verlorenen Paradies in ihnen wach hielt. Nach und nach aber vergaß die Menschheit, was es mit dem Baum für eine Bewandtnis hatte. Der Baum aber konnte es nicht vergessen, daß er die Schlange in seinem Geäst getragen und trug noch in der Erinnerung schwer an dieser furchtbaren Last.

In der Heiligen Nacht, als durch alle Welt die Engelskunde von der Ankunft des Heilands erscholl, erfuhr auch der alte Apfelbaum auf den bethlehemitischen Fluren die frohe Botschaft. Er dachte daran, daß die Menschen nun vom Joch der Sünde befreit werden sollten und daß der Teufel, die alte Schlange des Paradieses, vom Sieger über Tod und Hölle überwunden würde. Ein Freudenschauer ging durch ihn hindurch, bis in die zartesten Zweiglein hinein erbebte er. Er grünte, er trieb Knospen, er blühte! Ja, so ist es wirklich geschehen, der Apfelbaum hat in der Heiligen Nacht über und über voll Blüten gestanden, das waren seine Freudentränen, das war die stumme Sprache seiner Ergriffenheit, das war sein zarter Gruß, seine Morgengabe an den Heiland der Welt.

Die Christrose

Wer hat sich noch nicht über die tapfere Blume gewundert, die in der eisigen Kälte sich aufgemacht hat aus dem Grab der Erde, um unter all ihren Schwestern die erste zu sein, die das Jesuskind in der Krippe begrüßt! Ich will nicht zuviel sagen, aber daran zweifle ich nicht, daß die Engel, die sich in der Heiligen Nacht vom Himmel auf die Erde senken, in diesen Blumen wohnen, denn sie wohnen gern in Blumen, wenn sie bei den Menschen keine Herberg finden. Es gibt aber soviel Engel, wie Menschen sind. Oh, wieviel Engel müssen da auf ihrer Erdenfahrt zur heiligen Weihnacht in den Blumen Wohnung nehmen! Darum blühen auch zu so ungelegener Zeit die Christrosen. Gott hat sie so gemacht, daß sie, so schlimm auch das Wetter sein mag, nicht verzagen, sondern ihren Kelch auftun und auf die Engel warten, die mit den Schneeflocken leise zur Erde schweben.

Wenn mich aber einer fragt, ob das denn immer so gewesen sei und was die Christrose im Alten Testament gemacht habe, dem will ich sagen, daß seine Frage gar nicht dumm ist, und ich will ihm gleich antworten. Die erste Christrose ist aufgeblüht in der Nacht, in der Jesus geboren wurde. Das kam so: Der heilige Joseph war am Brunnen gewesen und hatte für Ochs und Esel Wasser geschöpft. Als er mit den vollen Eimern zurückging, hörte er hinter sich ein sonderbares Geräusch, als schleife etwas über den Boden; es war ein trockener, unansehnlicher Zweig, der sich an sein Gewand gehängt hatte und um den es sich nicht lohnte, erst die Eimer abzusetzen. So schleifte er ihn denn mit in den Stall hinein. Dort sah ihn die Mutter Gottes, und sie sagte zu Joseph: „Was hast du denn da mit hereingebracht? — Oh, die arme Pflanze!“ Und sie bückte sich und hob das Reis auf. In ihrer großen Liebe zu allen Geschöpfen, die in dieser Nacht schier grenzenlos war, bat sie den heiligen Joseph, das Pflänzlein zu nehmen und draußen in die Erde zu pflanzen, es werde gewiß wieder zu Kräften kommen, dafür wolle sie zu Gott beten. Joseph brummte etwas in seinen Bart hinein, aber es war ihm in seinem guten Herzen schon recht, und er ging mit der winterdürren Pflanze hinaus und grub mit den Fingern die Erde auf. So hart der Boden auch gefroren war, unter der Berührung der heiligen Finger wurde er im Augenblick weich, und das Eis in den Erdritzen schmolz wie Schneeflocken, die ein Kindermund anhaucht. Der heilige Joseph steckte nun die Pflanze in den gelockerten Boden. Sogleich bekam sie Wurzeln, fing an zu grünen, und aus dem Blätterkranz kam die Knospe herausgekrochen, wuchs, wurde prall und voll und ging auf, alles noch in derselben Nacht. Sie hat den ganzen Winter ausgehalten und ist nicht erfroren. Zur nächsten Weihnacht kam sie wieder, und seitdem kommt sie jedes Jahr und lacht uns mit ihrem hellen Gesichtchen an, als wäre Mai und nicht Dezember.

Blühende Streu

Die Christnacht ist voller Wunder. Hier und da hat einer, den es nicht schlafen ließ und in die Nacht hinaustrieb, etwas davon gemerkt und hat es weitererzählt. Manches ist aufgeschrieben, manches vergessen worden, einiges aus den Berichten der Alten aber ist bis auf unsere Tage gekommen, und es heißt darin, daß in der Stunde der Geburt des Heilandes das Wasser in den Brunnen für eine Stunde zu Wein geworden ist, versunkene Städte stiegen aus der Flut empor, und in den alten Türmen rührten sich die Glocken und läuteten über Meer und Land, Zauberberge gingen wie Türen auf und ließen ihre verborgenen Schätze sehen, edles Gestein in schimmernder Pracht und Haufen von Geschmeide, auch Musik hat man gehört, aber keinen Spieler gesehen. Doch nur arme Menschen mit einem unschuldigen, einfältigen Herzen haben einen Blick hinein tun können, Habgierige aber sind bös genarrt worden. Wer das Buch von Anfang an gelesen hat, weiß schon, was sich alles in der Nähe des göttlichen Kindes im Stall begeben hat, wie es dem mitleidigen Bauer, Ochs, Zaunkönig und Christrose erging. Jetzt will ich noch ein Wunder erzählen, das damals nur die Mutter Gottes gemerkt hat, und es war doch ein Wunder, das bis auf den heutigen Tag angehalten hat.

Die eine Ecke, in der die Krippe stand, war mit einer Streu aus trockenem Farn und Labkraut bedeckt. Hirten hatten die Streu dort ausgebreitet, damit sie, wenn sie müde von der Weide kämen, eine weiche Ruhestatt fänden. Das Labkraut und auch der Farn trug dazumal sommers kleine weiße Blüten. Auch das Kraut, das die Hirten mit vollen Armen in den Stall getragen hatten, war in Blüte gewesen, nun war längst alles vertrocknet. Als die heilige Mutter sich am Weihnachtsabend in dem schmutzigen Stall umsah, fand sie die Streu im Winkel und freute sich über das arme Lager und ruhte dort. Während die Bewohner von Bethlehem schliefen und keiner sich Gedanken darüber machte, was aus den zwei armen Ankömmlingen aus Nazareth geworden war, wachte die stumme Kreatur und erwartete in Ehrfurcht die Ankunft des Erlösers. Als das Jesuskind geboren war, trieb das dürre Labkraut vom Lager der Mutter Gottes Blüten. Die Blüten waren nicht von weißer Farbe wie sonst alle Sommer, sondern gelb wie Gold und Morgenlicht. Seitdem heißt das Kraut „das gelbe Frauenbettstroh".

Der Farn blieb träge und dürr und zeigte nicht eine einzige Blüte. Darum kann er nie mehr Blüten tragen. Es ist die einzige Pflanze im großen Garten Gottes, der es versagt ist, zu blühen, wenn alles ringsum zur Ehre Gottes und der Menschen Freude im Blütenschmuck prangt. Alle Blumen freuen sich des Lichts, viele haben die Sonne so lieb, daß sie die Augen nur auftun, wenn sie ihre warmen Strahlen vom Himmel ergießt. Der Farn aber meidet die Sonne. Er ist in die Schattenwinkel des Waldes verbannt, da wächst er auf modrigem Grund, Salamander und Schlangen sind bei ihm zu Gast. Das ist seine Strafe dafür, daß er die Stunde des Heils nicht erkannt hat. —

In der Christnacht sind noch viele andere Wunder geschehen, wollte ich die alle aufschreiben, so würde das allein ein ganzes Buch. Ein paar aber sind so seltsam, daß ich sie noch erzählen will. Wir müssen aber fürs erste vom lieben

Stall in Bethlehem Abschied nehmen und nach Rom und ins Morgenland reisen; doch bald kommen wir mit gar vornehmer Gesellschaft zurück zum Jesuskind.

Die Sibylle

Als Jesus geboren wurde, hatte der Kaiser Augustus einen sonderbaren Traum. Er sah von Osten eine Taube heranfliegen, die näherte sich in raschem Fluge der Stadt Rom. Da erhob sich der römische Adler, stieg mit mächtigem Flügelschlag in die Lüfte und fiel über die Taube her. Nach kurzem Kampf aber stürzte er, als seien ihm die Flügel verbrannt, besiegt zur Erde, und die Taube kreiste über den sieben Hügeln der Stadt.

Der Kaiser erwachte und fühlte sein Herz vor Unruhe heftig schlagen. Er stand auf und ließ noch in der Nacht seine besten Wahrsager und Traumdeuter kommen, die er nach dem Sinn des Traumes befragte. Aber keiner wußte eine Deutung, die den Kaiser zufrieden gestellt hätte. So ging er hinauf zum Tempel der Juno über dem Kapitol, wo die tiburtinische Sibylle der heidnischen Himmelskönigin dienen mußte; doch in ihrem Herzen verehrte sie schon die wahre Himmelskönigin und den unbekannten Gott. Der Kaiser fand sie, mit Rosen bekränzt und mit weißen Gewändern bekleidet, in einer Nische des Tempels auf den Knien liegend, und erzählte ihr seinen Traum. Als er geendet hatte, stand die Sibylle auf, ihre Augen blickten in die Ferne. „Ja“, sagte sie, „so wird es sein. Die Taube wird mit der Waffe der Sanftmut, mit dem Flügelschlag des Friedens, mit dem Blick der Geduld den Adler besiegen. Dein Reich wird vernichtet werden, deine prächtigen Bauwerke werden in Trümmer fallen, über den sieben Hügeln deiner großmächtigen Stadt aber werden sich die Heiligtümer des Sieges erheben und überall, wohin jetzt die Legionen deine goldenen Adler tragen, wird man das Zeichen dessen sehen, der da kommt von Osten, friedlich wie eine Taube, ohne Waffe und Schild, aber dennoch stärker in seiner Milde als alle Mauern an deinen Grenzen und die Schärfe der Schwerter aller deiner Heere."

Während sie so sprach, ergriffen von dem Gesicht der künftigen Dinge, tat sich der Himmel auf, und die Mutter Gottes erschien mit dem göttlichen Kind auf den Armen, von goldenem Lichtglanz umflossen. Auch der Kaiser sah es, und die Sibylle sagte ihm: „Sieh hin, das ist er! Ein Kind auf dem Arm einer Jungfrau, ein Kind, und ist ihm doch die Gewalt gegeben im Himmel und auf Erden. Die Reiche der Welt und ihre Gezeiten der Macht sind vor ihm wie ein Bilderbuch, dessen Seiten der Wind umschlägt, und sie sind gewesen und sind nicht mehr. Sein Reich aber wird bleiben, und es wird von einem Ende der Erde bis zum anderen reichen, und alle Geschlechter werden ihre Knie vor ihm beugen."

Indem sie noch sprach, sank sie auf die Knie nieder, der Kaiser aber ging eilends fort, als fürchte er, es könnte auch ihn auf die Knie zwingen, ihn, der sich selber Gott nennen ließ.

An der Stelle des Tempels wurde später, als der Sieg des Heilands über das Römische Reich sichtbar ward, eine Kirche gebaut, die heute noch steht und „ara coeli", das heißt „Himmelsaltar", genannt wird. Sie heißt so, weil sie, hoch über dem Leben der Stadt, höher selbst als das Kapitol, wie ein vom Himmel auf die Erde gesenkter Altar anzusehen ist. 120 Marmorstufen führen hinauf zu dem alten Heiligtum. In der Kuppel ist die wunderbare Erscheinung der Gottesmutter mit dem Jesuskind beschrieben.

Die Heiligen Drei Könige

Weit hinter Gebirgen und Wüsten lebten die drei Könige in ihren Ländern still und vergnügt, wie eben Könige in friedlichen Zeiten leben. Sie hätten es sich nicht träumen lassen, daß gerade sie von Gott ausgewählt würden, nach Bethlehem zu ziehen, um in dem Kind den König der Könige anzubeten. Wen Gott einmal angeschaut hat, der kann sich drehen und wenden, wie er will, er muß folgen, wohin Gott ihn haben will. So ging es auch den Königen, die damals noch alle drei etwas ganz anderes im Sinn hatten, als mitten im Winter auf gut Glück einem Stern nachzugehen und alles zurückzulassen, was ihnen lieb und teuer war.

Der eine, Kaspar mit Namen, wollte nach dem Abendessen gerade zu Bett gehen, als er eine unwiderstehliche Lust verspürte, sich noch ein bißchen im Garten zu ergehen. Er liebte die Musik über alles und hieß einen seiner Diener, in einer Laube Platz zu nehmen und die Saiten der Harfe zu zupfen, auch ein Liedchen zu singen, aber nicht gar so laut. Währenddessen ging er auf den Gartenwegen hin und wider und verkostete die lieblichen Klänge wie einen süßen Würzwein. Nach einer Weile erschien es ihm, als singe nicht der in der Laube versteckte Diener, es hörte sich an, als wäre der ganze große Garten von wunderbarer Musik durchströmt. Aus allen Winkeln und von allen Seiten kamen die frohen Weisen, auch aus den Zweigen der Bäume, aus der Luft über den Bäumen, ja aus dem weiten Himmel, als wäre das Firmament ein großer Baum und die Sterne wären alles kleine zwitschernde und singende Vögel. Während der König in den glitzernden Wunderbaum hinauflauschte, sah er im Osten den großen Stern stehen, und er erschrak.

Den zweiten König, Melchior, trieb es an diesem Abend, in ärmlicher Kleidung unerkannt durch seine Stadt zu streifen, wie er es ab und zu tat, um das Volk in seinem Tun und Treiben, in seinen Freuden und Nöten zu belauschen. Als er durch eine enge Gasse kam, hörte er aus der offenen Tür eines alten Hauses eine Kinderstimme, die rief: „Hab acht auf das Zeichen! Hab acht auf das Zeichen!“ Verdutzt blieb der König stehen, und als es zum dritten Male rief, ging er hinein. Am Ende des Flurs war eine Tür, dort klopfte er an. Zuerst war es ganz still, als er dann noch einmal klopfte, vernahm er eine weinerliche Frauenstimme, die sagte: „Ach, welch ein Unglück, welch ein Unglück!“ Da trat der König ein und fand in einer niedrigen Stube eine Frau mit einem kleinen Kind auf dem Schoß. „Hat das Kind vorhin gerufen?“ fragte er die Frau. Die lachte und sagte, der Kleine könne ja noch gar nicht sprechen, er sei erst ein paar Wochen alt. Ob denn sonst Kinder im Hause seien, fragte der König. „Nein, hier wohnt weiter niemand.“ Ob sie denn das Rufen nicht gehört habe, fragte er weiter. Nein, es sei ganz still gewesen, beteuerte die Frau, und dann, in einer plötzlichen Angst, man könnte ihr etwas zuleide tun, brach sie in Tränen aus und jammerte: „Ach, wenn man uns doch in Ruhe ließe! Habt Mitleid, Herr! Ihr seid wohl der neue Eigentümer? Laßt uns noch ein Weilchen hier wohnen!“ Da zog der König seinen Geldbeutel heraus, legte eine Handvoll blanker Goldstücke auf den Tisch und eilte hinaus, der wunderbaren Fügungen Gottes gedenkend. In tiefem Nachsinnen machte er sich auf den Heimweg. Die Kinderstimme, die ihn aus dem Hause angerufen hatte, ging ihm nicht aus dem Ohr. Als er auf dem Palasthügel über der Stadt angelangt war, wandte er sich um — siehe, da stand der große Stern, und sogleich wußte der König, daß dies das Zeichen war.

Der dritte König, Balthasar geheißen, war an diesem Tage auf der Jagd gewesen und hatte sich mit seinen Jägern verirrt. Die Dunkelheit war schon hereingebrochen, und keiner wußte einen Ausweg aus dem Wald, so daß der König schon daran dachte, die Nacht auf einem Bett von Moos und Laub zu verbringen. Eben hatte er den Befehl gegeben, ein Lager herzurichten, als vor ihm aus der Dickung ein schneeweißes Einhorn aufsprang. Kaum hatte es der König erblickt, als ihn das Jagdfieber packte und er, alle Vorsicht vergessend, dem edlen Wild nacheilte. Die Jäger mußten ihm folgen, so müde sie auch waren. Immer tiefer ging es in das Dickicht hinein, hier und da blitzte das weiße Fell des Einhorns wie ein Licht im Gebüsch, dann verschwand es wieder, und wenn die Jäger schon glaubten, die tolle Jagd müsse jetzt ein Ende haben, tauchte es unversehens wieder auf. So ging es zwei Stunden lang. Plötzlich standen sie am Waldrand, und das weite Feld tat sich vor ihnen auf. Der König sah das Einhorn in großen Sprüngen über die Ebene jagen, spannte den Bogen und schoß. Als er hinblickte, ob er getroffen habe, war von dem Einhorn nichts mehr zu sehen; in der Richtung aber, in der es gesprungen war, sah er am Himmelsrand den großen Stern aufgehen, der zitterte. Das alles verwunderte den König über die Maßen, schweigend ging er an der Spitze seiner Jäger dem Stern entgegen, und so kam er geradewegs in sein Schloß.

Das ist wahrhaftig eine wunderbare Nacht gewesen, voll von Geheimnis, und Gott hatte es so gefügt, daß gerade die drei Könige ein mächtiges Verlangen spürten, dem Geheimnis auf die Spur zu kommen. Zuerst hatte er die Hirten in den Stall eingeladen, denn die Armen sind allemal die liebsten Freunde des Herrn, doch darin, daß er nun auch die Könige berief, tat er kund, daß er für alle gekommen ist, für Hohe und Geringe, wenn sie nur die Knie beugen können.

So machten sich die Drei noch in der Nacht auf den Weg und zogen dem Stern nach, der sich in dem Augenblick in Bewegung setzte, als sie, unsicher, welche Richtung sie einschlagen sollten, fragend zu ihm aufblickten. Neun Tage wanderten sie durch Wüsten, über Steppen und rauhe Gebirge.

Sie verspürten auf der langen Wanderung weder Hunger noch Durst noch Müdigkeit, gingen auch in keine Herberge und hatten kein Verlangen zu ruhen. Auch nachts wanderten sie, und der Stern über ihnen stärkte sie wie ein leibhaftiger Engel. Keiner hatte von den anderen gewußt, sie waren auf getrennten Wegen gereist, und als sie sich wie von ungefähr vor dem Stadttore Jerusalems trafen, erstaunten sie sehr. Sie erzählten sich, während das Volk sie umdrängte, von dem Stern und dem unwiderstehlichen Zug ihres Herzens, dem Himmelszeichen zu folgen. Die Leute wiesen sie an den König Herodes. Der gedachte sie als Kundschafter zu benutzen, die ihm den verborgenen Aufenthalt des gefürchteten Davidssprosses melden sollten. So zogen denn die Drei wieder aus Jerusalems Tor hinaus, und der Stern, der auf sie gewartet hatte, setzte sich wieder in Bewegung, bis er über dem Stall bei Bethlehem anhielt. Ehe die Könige hineingingen, überlegten sie, was sie dem göttlichen Kind sagen und schenken könnten. Als sie aber drinnen waren und nur einen einzigen Blick in die klaren Augen des Jesusknaben getan, wurden sie ganz verwirrt und wußten kein armes Wort zu sagen vor all dem Glanz und der Freundlichkeit und dem göttlichen Wesen, das sich in den Kindesaugen spiegelte. So gaben sie denn in ihrer Verwirrung jeder das her, was sie gerade zur Hand hatten, der eine Gold, der andere Weihrauch und der dritte gar die bittere Myrrhe. Er hatte sie kaum hingegeben, als er heftig erschrak und sie wieder zurücknehmen und gegen ein kostbares Geschenk umtauschen wollte. Mutter Maria aber wehrte ihm und bedeutete ihm, daß er gerade das Rechte gegeben habe, Gott wisse schon, warum die Myrrhe nicht fehlen dürfe.

Der Weihnachtsstern

Die Heiligen Drei Könige hatten die Nacht im Stall in der Nähe des Jesuskindes verbracht und so tief und gut geschlafen wie noch nie in ihrem Leben. Im Morgengrauen erhoben sie sich, wie es ihnen der Engel im Traum geheißen hatte, und gingen leise, daß sie das Kind nicht störten, hinaus. Sie waren kaum unter die Tür getreten, als sie auch schon nach dem Himmel blickten, ob sie den Stern wiedersähen; aber sie suchten vergeblich. Melchior, der zum Brunnen gegangen war, rief plötzlich: „Er ist doch noch da. Hier!" Da kamen die beiden anderen gelaufen, guckten in die Luft und fragten, wo er denn sei. Melchior lachte und sagte, sie müßten auf der Erde suchen. Dabei wies er auf eine Pflanze, die in der Nacht neben dem Brunnen gewachsen war. Sie sah genau so aus wie ein Stern, ein grüner Stern auf einem grünen Stengel. Da erinnerten sich die Drei, daß sie hier am Brunnenrand gestern Abend, ehe sie in den Stall gingen, in einer Wasserlache das Spiegelbild des Sternes gesehen hatten; das war auf eine wunderbare Weise auf der Erde geblieben, während der Stern längst wieder am großen Himmel Gottes wanderte.

Die Könige nannten die neue Blume „Weihnachtsstern" und nahmen einen Ableger mit in ihre Heimat. Die Weihnachtssterne in den Ländern der drei Könige sind bis auf den heutigen Tag grün, wie der Blumenstern aussah, den Melchior am Brunnen von Bethlehem entdeckte. „Wie kommt es aber", höre ich euch fragen, „daß die Weihnachtssterne, die wir kennen, alle in der Mitte blutrot sind?" Nun, das hat schon seine Bedeutung und ist bald erzählt.

Die drei Könige waren, wie es ihnen der Engel im Schlaf befohlen hatte, auf einem anderen Wege in ihre Heimat zurückgewandert, und Herodes wartete vergeblich. Schließlich gab er die Hoffnung auf, die Könige je wiederzusehen, er fühlte sich betrogen und hintergangen, tobte, fluchte und faßte in seiner Wut den teuflischen Plan, alle Knäblein Bethlehems töten zu lassen; so würde ihm der neugeborene König der Juden nicht entgehen. Auf sein Geheiß drangen die Soldaten in die Häuser Bethlehems ein und mordeten alle Knaben unter zwei Jahren. Die Mütter mochten noch so innig bitten, noch so herzzerreißend klagen, keins der Kinder wurde verschont, und wo ein Weib mit seinem Knaben auf die Gasse flüchten konnte, wurde es verfolgt, an den Haaren zu Boden gerissen und so lange gequält, bis es das Kind nicht mehr festhalten konnte. Einer Frau war es geglückt, vor das Stadttor zu entkommen, doch schon hörte sie die Rufe der Verfolger. In ihrer Angst lief sie auf den Brunnen zu und versteckte sich hinter der Mauerbrüstung. Es dauerte aber nicht lange, bis sie entdeckt wurde. Ein Soldat entriß ihr das Kind, hob es hoch und spaltete ihm mit einem Schwertstreich das zarte Körperchen. Von dem Blut wurde der Weihnachtsstern, der ganz in der Nähe stand, blutrot gefärbt und ist seitdem so geblieben, damit die Menschen beim fröhlichen Christfest nicht ganz der unschuldigen Kinder vergessen, die als die ersten Märtyrer ihr Blut für den Heiland hingegeben haben.

Die Flucht nach Ägypten

Die Heilige Familie war, wie jedermann weiß, schon unterwegs, als die Soldaten des Herodes ihr blutiges Werk in Bethlehem verrichteten. In aller Frühe war Joseph, vom Engel Gottes gewarnt, von seinem Lager aufgesprungen, hatte den Esel aus dem Stall geholt, die Mutter mit dem Kind daraufgesetzt und war eilends fortgezogen, gen Süden, auf dem Wege ins Ägypterland. Aber so kräftig er auch, das Tier am

Zügel führend, ausschritt, der Esel ging seinen gewohnten Trott, und so kamen sie nicht gerade schnell voran. Sie waren noch nicht weit von Bethlehem fort, als sich Mutter Maria mehrere Male besorgt umsah. Sie meinte, die Verfolger gehört zu haben, und hatte eine große Angst um ihr liebes Kind. „Ach, wenn wir doch schon so weit wären, daß sie uns nicht mehr sehen können!“ seufzte sie und barg das Jesusknäblein zärtlich im Manteltuch. Als sie aufblickte, sah sie einen Bauern die Furchen seines Ackers abschreiten und säen. Wie er näherkam, erkannte sie in ihm den Mann, der nachts in den Stall gekommen war und ihr das Sätuch für ihr Kind gegeben hatte. Auch der Bauer erkannte sie wieder, und als er am Rain angelangt war, blieb er stehen. „Ei, da schau einer an!“ rief er. „So früh schon unterwegs?“ Der heilige Joseph verhielt ein wenig, grüßte und sagte, das wäre wohl ein gewaltiges Stück Arbeit gewesen, das große Feld allein zu besäen. „Nicht schlimmer, als einen faulen Esel eine Tagereise lang zu ziehen“, lachte der Bauer. Unterdessen blickte sich Maria wieder um, und Joseph wies mit der Hand den Weg zurück: „Seht ihr da hinten etwas in der Sonne blinken? — Das sind Soldaten, die haben es auf das Kind abgesehen!“

„O weh“, rief der Bauer, „da seid ihr verloren! Wenn ich euch nur helfen könnte! Ja, wenn der Weizen schon hoch stände! Aber so! — Was ist da bloß zu tun?“

„Ihr habt ein gutes Herz“, sagte Maria, „und Ihr könnt uns auch helfen. Ihr braucht nichts weiter zu tun, als Euch hierherzusetzen. Wenn die Soldaten herankommen und Euch fragen, so sagt nur die Wahrheit und weiter nichts, sagt, Ihr hättet uns gesehen, als Ihr den Weizen sätet.“

Der Bauer setzte sich kopfschüttelnd nieder, und als Joseph, den Esel am Halfter, fürbaß schritt, wandte sich Maria noch einmal um und rief dem Mann zu, er solle morgen früh mit der Sense kommen und den Weizen schneiden. Da saß er nun, drehte seinem Feld den Rücken zu und sann über die seltsamen Worte nach. Er war noch nicht weit in seinen Gedanken gekommen, als auch schon die Soldaten heransprengten und ihn nach den Flüchtlingen fragten. „Ja, die sind hier gewesen", antwortete er, „das war, als ich den Weizen säte."

„Da können wir gleich wieder umkehren", meinte darauf der Anführer, „wir sind hier auf dem falschen Weg", und sie lenkten ihre Pferde nach einer anderen Richtung.

„Merkwürdig", dachte der Bauer. „Jetzt sind sie erst recht auf dem falschen Weg. Aber mögen sie nur in der Gegend herumirren. Das Kind war gar zu schön, ein lieberes Kind hab ich mein Lebtag nicht gesehen." Indem stand er auf und wandte sich um. Aber was war das? Sein Feld, das er eben erst besät hatte, stand schon in hohen Halmen, die Frucht hatte prächtig angesetzt, wenn es so weiter ginge, würde er wirklich und wahrhaftig morgen früh mit der Sense kommen und den Weizen schneiden können.

Da wußte er, daß der Heiland der Welt seinen Weg gekreuzt hatte und das Reich Gottes nahe sei. Und er kniete nieder auf dem Felde und betete. Über ihm im blauen Himmel sangen die Lerchen.

Indessen zog die Heilige Familie schon weit hinter dem Feld ihres Wegs. Noch einmal näherte sich ihnen ein Trupp der Verfolger, die auf flinken Rossen durch die Steppe streiften. Maria sah es voller Schrecken und verrichtete ein inniges Stoßgebet. Da lief der Esel schnurstracks auf einen großen alten Weidenbaum zu, der am Wege stand, und siehe da, der Baum ging wie ein Tor vor ihnen auf und schloß sich wieder, als sie alle in seinem Innern wie in einer Höhle Platz gefunden hatten. Nach einer Weile hörten sie draußen Hufschlag und Eisengeklirr, fragende und wütende Stimmen. „Und ich hab' sie doch eben noch gesehen", schrie einer. „Wie von der Erde verschluckt", ein anderer; „Fata Morgana", ein Dritter. Die alte Eule oben im Baum aber lachte höhnisch, und die Unke Dunkepung, die in einer faulen Wurzel hauste, flötete einen Spottvers. Ein Soldat klopfte mit dem Knöchel an die Rinde, da kam von der Rückseite des Stammes ein schwarzer Specht und hieb ihm kräftig in den Finger. Ein anderer wollte auf den Baum steigen, um nach den Verschwundenen Ausschau zu halten, aber alle Äste, an denen er sich halten wollte, brachen unter seinen Händen ab. Da ließen sie von dem unheimlichen Baum und suchten das Weite, ohne sich noch einmal umzuschauen. Die Weide aber tat sich wieder auf, und die Heilige Familie zog weiter durch das unbekannte Land.

Einmal verirrten sie sich in der weglosen Wüste. Da standen sie in der Sonnenglut und wußten nicht, nach welcher Seite sie sich wenden sollten. Der heilige Joseph zog die Stirn in Falten und strengte seine Augen an, aber nirgendwo konnte er etwas entdecken, was ihm einen Anhalt gegeben hätte. Indessen richtete Maria ihre Blicke gen Himmel, und siehe, da kam eine Schwalbe geflogen und flatterte zwitschernd über dem Haupt der Heiligen Jungfrau. Dann flog sie ein wenig voraus, kam wieder zurück und flog wieder ein Stück. So trieb sie es eine Weile, und die Mutter Gottes schaute ihr mit Verwundern zu. „Schau, Lieber", sagte sie zu Joseph, „unser himmlischer Vater hat uns einen Boten geschickt, der weist uns den Weg." Und sie folgten der Schwalbe, die hin und wider flog, bis sie auf der großen Karawanenstraße waren.

Zum Dank für die treue Führung haben die Schwalben die Gabe erhalten, nie den rechten Weg zu verfehlen, so weit auch ihre Reise sei, ob es nun über Wüsten, Gebirge oder Meere gehe, und sie dürfen jeden Winter, wenn es in der Heimat trübe und kalt ist, auf Urlaub im sonnigen Ägypten sein.

Ruhe auf der Flucht

Eines Mittags rastete die Heilige Familie am Rand eines Olivenhains. Maria wollte einige Früchte pflücken, sie war aber zu klein, und ob sie sich auf die Zehenspitzen stellte, ihre Hand erreichte die Früchte nicht. Da neigten sich die Zweige, von unsichtbaren Engelhänden herabgebogen, und Maria pflückte von den Früchten, soviel sie wollte. Zum Dank für die Gabe darf der Ölbaum zweimal im Jahr Früchte tragen, und wo jemand einen Zweig seines grün-silbernen Laubes trägt, verkündet er den Frieden.

Während die Heilige Familie im Schatten des Ölgartens ruhte, kam ein Räuber, der hinter einem Baum gelauert hatte, hervorgesprungen und hob seinen Säbel gegen den heiligen Joseph auf. Ehe er aber zuschlagen konnte, traf ihn ein Blick aus den Augen des Jesuskindes. Der Blick berührte ihn mit solcher Gewalt, daß ihm der gezückte Säbel aus der Hand fiel und er, ganz verwirrt vom Glanz der göttlichen Augen, auf die Knie sank. Zugleich ging ihm eine Ahnung auf, daß der Knabe der verheißene Messias sei. Er bat Maria und Joseph um Verzeihung, daß er sie so geängstigt habe, und geleitete sie in sein Haus; dort sollten sie es sich einmal richtig bequem machen.

Die Leute hatten einen Knaben, der von Geburt an stumm war. Das Jesuskind hatte nun aus einem hölzernen Näpflein Mus zu essen bekommen, davon war ein wenig übrig geblieben, das aß der stumme Knabe. Als er es gegessen hatte, wurde seine Zunge gelöst, und er konnte zum Verwundern seiner Eltern reden. Das erste, was er sagte, war der Name „Jesus“, den er dreimal andächtig aussprach. Dabei sah er das göttliche Kind voller Dankbarkeit an. Am liebsten wäre er gleich mit in das fremde Land gezogen, denn er mochte gar zu gern bei dem himmlischen Kind sein; seine Eltern wollten ihn aber nicht fortlassen. Als er ein Mann geworden war, machte er sich auf in das Heilige Land und fand Jesus, an den er all die Jahre gedacht hatte. Man sagt, er sei einer der zweiundsiebzig Jünger des Herrn gewesen.

Am letzten Tag, ehe der heilige Joseph mit Maria und dem göttlichen Kind Ägypten erreichte, durchzogen sie viele Stunden lang die Wüste. In dieser Einöde wollte es der heiligen Jungfrau gar keine Freude machen, zu rasten. Aber sie dachte an den müden Mann und an das müde Tier und stieg ab. Mit traurigen Augen blickte sie umher, ob nicht irgendwo wenigstens ein bißchen Gras wäre. Aber weit und breit war nichts zu sehen als Sand und Gestein, nicht einmal eine armselige Distel für den Esel ließ sich finden. Da breitete Maria ihren Mantel aus, um darauf zu sitzen. Da sie nun saß und mit dem Jesuskind spielte, erfüllte ein süßer Wohlgeruch die Luft. Unter ihrem Mantel und ringsum sproßte eine Menge duftenden Krauts aus dem Sandboden; die kleinen purpurfarbenen Blüten, die es trug, gaben den süßen Duft. Es war Thymian, ein heilkräftiges Pflänzlein, das gern auf trockenem, steinigem Boden wächst. Seit die allerseligste Jungfrau darauf geruht, ist es noch oft müden Wanderern ein Bett und Kissen gewesen.

Es geschah hin und wieder, wenn die Heilige Familie rastete, daß das Jesuskind unter den glühenden Pfeilen der Wüstensonne vom Durst geplagt wurde und weinte. Aus den Tränenspuren im Sand sind kühle Quellen hervorgesprudelt, von denen der heilige Joseph nach Herzenslust schöpfen konnte. Wer heute dort geht, braucht nicht mehr zu dürsten, der Heiland hat ja den Weg schon gemacht, er hat seine Mühsal verkostet, und durch seine Tränen ist der Fluch jener Landschaft in Segen gewandelt worden.

Das Christkind auf der Wiese

Mutter Maria war mit dem Krug zum Bauern gegangen, um Milch zu holen. Weil die Sonne schien und die Luft weich und lind war, hatte sie das Weidenkörbchen mit dem Jesuskind hinaus auf die Gartenwiese gestellt. Sie war noch nicht durch die Pforte, als aus Bäumen und Sträuchern die kleinen Singvögel angeschwirrt kamen. Sogleich fingen sie an zu singen. Es war ein gar liebliches Konzert, als die vielen Stimmen zusammenklangen zu Lob und Preis des Gotteskindes. Die Lerche stieg über dem Wiegenkorb trillernd auf und ab, die Amsel psalmodierte auf dem Dachfirst, vom Kirschbaum schmetterte der Buchfink sein frohestes Lied, und tief im Gebüsch verborgen sang die Nachtigall eine Weise voller Andacht und Inbrunst.

Die Blumen im Gras hoben ihre Köpfe, alle wollten sie das göttliche Kind sehen, und so reckten und streckten sie sich, wie sie sich sonst wohl nach der Morgensonne streckten, ja mit noch größerem Verlangen, denn sie fühlten wohl, daß dies Kind segensreicher als die Sonne und herrlicher als der Morgenhimmel war. Dem Körbchen zunächst standen Stiefmütterchen, die waren zu jener Zeit noch klein und unansehnlich und hatten nicht einmal einen Namen. Sie strengten sich mächtig an; endlich gelang es ihnen, über den Rand des Korbes zu gucken. Da lag das Himmelskind und schaute mit seinen großen, hellen Augen in den Himmel. Der Anblick entzückte die Blumen so sehr, daß sie das Aussehen eines staunenden Menschengesichts bekamen, eines Gesichts, das lächelt. Auch das Jesuskind lächelte, als es die bunte Gesellschaft über den Korbrand lugen sah, und freute sich darüber wie über kleine Engel. Der himmlische Vater sah das liebliche Schauspiel und beschloß, den Blumen für alle Zeit diesen Ausdruck des frohen Erstaunens zu lassen.

Als Maria zurückkam, fiel ihr Blick gleich auf die Blumen. „Wie fremde Mütterchen habt ihr über meinem Kind gewacht", sagte sie und da hatte sie auch gleich einen Namen für sie: „Stiefmütterchen, kleine Stiefmütterchen", und sie nickte ihnen freundlich zu. Dann beugte sie sich über das Körbchen, um nach ihrem Kind zu sehen. Da gewahrte sie, daß die dürren Korbweiden grüne Triebe bekommen hatten. Die frischen Blättchen umsäumten die Glieder des Jesuskindes, es lag wie in einem grünen Kranz.

Noch immer sangen die Vögel. Maria lauschte ein Weilchen; sie suchte die einzelnen Stimmen zu unterscheiden, aber da war eine, die keinem der auf Dach, Baum und Zaun sitzenden Sängern angehörte, sie klang voller und inniger als die anderen, und bald merkte die heilige Jungfrau, daß die süßen Töne aus dem Dunkel des Gebüschs kamen. Da trat sie hinzu und tat die Zweige auseinander. Im Schatten des Gesträuchs saß die Nachtigall und äugte demütig hervor. Es rührte die Mutter Gottes, daß diese edle Sängerin gar so bescheiden war, und sie sagte: „Ich möchte dich belohnen, mein Vöglein. Ein buntes Gefieder willst du nicht, denn die Demut ist sich selbst die schönste Zier. Aber du sollst von allen Vögeln die herrlichste Stimme haben, eine Stimme, die der menschlichen ähnlich ist und sie gar noch übertrifft!"

So hat in dieser gesegneten Stunde das Stiefmütterchen sein menschlich Antlitz und die Nachtigall ihre menschliche Stimme bekommen.

In der Werkstatt

Die Zimmermannswerkstatt im Hause zu Nazareth war für den Jesusknaben und seinen Gespielen, den Vetter Johannes, gerade das rechte Element. Da gab es allerhand Überraschungen und Entdeckungen zwischen all den Balken, groben und glatten Hölzern und Werkzeugen. Hin und wieder gab es auch ein wenig zu helfen, man durfte irgendwo mit anpacken, nach dem Leim sehen oder was es sonst in so einer Werkstatt zu tun gibt. Dafür fiel der Säge zuweilen ein schönes Klötzlein aus den unersättlich fressenden und knirschenden Zähnen, das durfte man aufheben und behalten. Wißt ihr, was sich alles damit machen läßt? Ich brauche es euch nicht lang und breit zu erzählen. In keines Handwerkers Arbeitsraum sind die Kinder lieber als bei Tischler und Zimmermann. Wer das noch nicht erlebt hat, der sehe zu, daß er einmal hineinkommt, dann kann er es sich so recht ausmalen, wie es beim heiligen Joseph in Nazareth gewesen ist, er braucht sich nur die Knaben Jesus und Johannes hinzuzudenken, wie sie sich lachend in der Werkstatt herumtummelten.

Manchmal hielt das göttliche Kind mitten in dem fröhlichen Treiben inne. Es sah aus, als erblickte es betend durch Wand und Decke hindurch das Angesicht seines himmlischen Vaters. Wenn die heilige Jungfrau ihn so sah, dachte sie an die Verheißung des Engels Gabriel und an des alten Simeon Weissagung, und ihr Herz erzitterte vor Glück, die Mutter des Gottessohnes zu sein. Einmal aber erschrak sie heftig, als sie die Kinder beim Spiel beobachtete. Ihr Jesus hatte wie von ungefähr zwei Balken so übereinandergelegt, daß ein Kreuz daraus wurde. Davor stand er lange in Gedanken versunken, bis der kleine Johannes ungeduldig wurde. „Das ist nichts", rief er, „wir wollen lieber eine Höhle bauen und dann hineinkriechen!" Dabei gab er dem Kreuzbalken einen kräftigen Stoß. Doch der Balken blieb wunderbarerweise unbeweglich auf dem Stamm liegen, als wäre er mit Leim und Nägeln festgemacht. Damals ging schon das Leidensschwert durch das Mutterherz Mariens, zwei Tränen liefen ihr über die Wangen und tropften auf die Dielen. Jesus sah es, und in einer zarten Regung kindlichen Mitleids dachte er daran, seiner Mutter eine Freude zu machen; sie sollte die Gedanken an das Kreuz rasch vergessen. Er sammelte Hobelspäne vom Boden auf und legte sie in einer Reihe auf die Fensterbank. „Sieh her, Johannes“, sagte er, „das sind meine Himmelsvögel, lauter weiße Schmetterlinge!“ Der Gespiele lachte ihn aus, und mit dem Ruf: „Ganz gewöhnliche, schmutzige Hobelspäne sind es“, pustete er sie mit vollen Backen zum Fenster hinaus. Im gleichen Augenblick erklang die Stimme des göttlichen Kindes: „Fliegt, meine Himmelsvögel, fliegt!“ Mit aufgehobenen Händen stand Jesus am Fenster und sah die in weiße Schmetterlinge verwandelten Späne sich in den Lüften wiegen, höher und höher flatterten sie, bis sie im blauen Himmel entschwanden. Mutter Maria stand im Hintergrund der Werkstatt und faltete die Hände, denn sie sah einen lichten Schein das Angesicht des kleinen Wundertäters umspielen, und seine Augen waren voll Himmel.

Im Garten

Hinter dem Haus von Nazareth war ein Garten, dort spielte der Jesusknabe, und seine Mutter war, soviel sie konnte, bei ihm. Da sah sie ihm denn zu, wie er Steine herbeitrug und sie zu wunderlichem Bauwerk zusammenfügte. Einmal geschah es, daß die schmutzigen Steine unter seinen Händen hell wie Glas wurden und bunt wie allerlei Edelstein. Ein Nachbarsjunge, der das Schimmern und Glänzen durch den Zaun erspähte, kam herbeigelaufen, um das schöne Gestein an sich zu nehmen; aber kaum hatte er es berührt, als es wieder die frühere graue Farbe bekam.

An einem heißen Tage stand das Jesuskind vom Spiel auf und bat Maria um ein Glas Wasser. Die Mutter Gottes ging zum Brunnen und zog den vollen Eimer herauf. Nun hatte sie kein Glas zur Hand. Schon wollte sie rasch ins Haus, da fiel ihr Blick auf ein schimmernd weißes Blümlein, das neben dem Brunnen wuchs. In einer frommen Eingebung bückte sie sich und brach die Blume ab. Die verwandelte sich in ihrer Hand in ein zierliches Gefäß, in das schöpfte die heilige Jungfrau von dem Wasser, und das Kind trank. Seitdem heißt die Blume „Mariens Kelchgläschen".

Einmal blickte das Jesuskind vom Spiel auf und sah einen Schwarm Tauben ängstlich umherflattern. Der Habicht war über ihnen, und eben stieß er blitzschnell herab, um eine der Tauben zu erbeuten. Jesus hob die Hand auf und sagte nur: „Friede!" Sogleich verwandelte sich der Habicht in eine Taube und flog mit den anderen Tauben in großen Kreisen um das Haus.

Im Winter ging das Jesuskind jedesmal nach dem Essen mit seinem Näpfchen in den Garten, um die Spatzen zu füttern; sie kamen in hellen Scharen angeflogen, und wenn es sonst ihre Art ist, sich um die dicksten Brocken zu balgen, so hatten sie jetzt keine Sorge, nicht satt zu werden. Soviel das göttliche Kind auch austeilte, sein Schüsselchen wurde nicht leer, und am Ende brachte es genau soviel, wie es hinausgetragen hatte, wieder zu Mutter Maria in die Küche.

Im Nachbarhaus wohnte ein reicher Mann, an dessen Fenster stand ein Käfig mit Kanarienvögeln. Sommer und Winter hatten sie gute Pflege und reichlich Futter, und doch machten sie jedesmal, wenn Jesus die hungrigen Spatzen fütterte, einen gewaltigen Lärm, zwitscherten und schimpften und flogen aufgeregt in ihrem Bauer herum. Das Jesuskind schalt sie und drohte ihnen Strafe an, wenn sie nicht ruhig und bescheiden würden. Und eines Tages, als sie es wieder arg trieben, bekam ihr Gefieder eine gelbe Farbe; nun muß man wissen, daß es bis dahin prächtig bunt, blau und purpurrot gewesen war. So sollen alle Menschen den Neid erkennen, für den diese Vögel gestraft worden sind.

Jesus hatte in seinem erbarmenden Herzen die armen, verachteten Spatzen von Tag zu Tag lieber. Je kälter der Tag war und je weniger sich die Sonne sehen ließ, desto freundlicher war seine Stimme und desto sonniger sein Blick. Wenn sich die dankbaren Vögel ihm auf Schultern und Arme setzten, streichelte er sie mit seinen zarten Händen, und es ward ihnen dabei ganz warm, sie plusterten sich auf und zwitscherten und zirpten vor Freude, daß der ganze Garten davon erfüllt war.

Seit diesen seligen Zeiten im Garten des Hauses von Nazareth haben die Spatzen ihre zigeunerische Sorglosigkeit; sie wissen, es mag noch so kalt, noch so düster sein, der Herr sorgt für uns. Er hat uns täglich im Garten gefüttert, und sein Näpflein wurde nicht leer, er wird uns auch fernerhin ernähren, mag es in der Welt noch so schlimm hergehen, er wird uns nicht vergessen!

Haben sie nicht die Verheißung des Heilandes: nicht zu säen und nicht zu ernten und doch bei aller Güte Gottes satt zu werden? Sie ziehen nicht in wärmere Länder, wenn der Winter kommt, sie haben ein großes Vertrauen zu Gott, daß er ihrer auch in Frost und Schnee gedenkt. Aber sie sind auch genügsam und verzagen nicht, wenn es einmal ein wenig knapp hergeht. Wissen sie doch, daß der Heiland den Menschen die Liebe auf die Erde gebracht hat, und daß diese Liebe, wenn sie recht von Herzen geht, keine Kreatur ausschließt und auch die armen Vögel im Winter nicht vergißt.

Das Schilfrohr

Zu Beginn seines öffentlichen Lebens ging der Heiland zum Jordan, um sich von Johannes taufen zu lassen. Als er im Wasser stand und Gott ihn seinen lieben Sohn nannte, griff er in das wogende Schilf und brach einen Fruchtkolben ab, den trug er wie ein Zepter. Die Kolben waren damals noch goldgelb und von einem richtigen Zepter nur darin unterschieden, daß Gott und nicht Menschenhand sie gemacht. Das Schilf erzitterte vor Ehrfurcht und Dankbarkeit, daß sich ihr Herr und König zu ihm geneigt und sich aus seiner Mitte das Zepter geholt hatte, und es ging den Jordan hinauf und hinab ein erstauntes Flüstern, Raunen und Gerede von der Schönheit des Menschensohnes, dessen Spiegelbild die Wellen aufgefangen hatten.

Drei Jahre gingen hin, der Heiland saß in der bitteren Stunde der Verspottung zwischen seinen Feinden. Die Dornenkrone drückte ihn, er war ganz verlassen und arm, ein Bettler war ein reicher Mann gegen ihn. Aber er war doch der König, das fühlten selbst die Menschen, die ihn haßten und quälten; sie gaben ihm ein Schilfrohr in die Rechte, weil er zu seiner Krone auch ein Zepter haben müsse. Er nahm es und erinnerte sich der Stunde seiner Herrlichkeit bei der Taufe im Jordan, als die Stimme vom Himmel über ihm erklungen war und die Engel ihm dienten. Und jetzt? Noch klang ihm das letzte Hosanna im Ohr, da schrie es ihn schon an, das furchtbare Wort: „Kreuzige ihn!" Traurig neigte er das wehe, zerstochene Haupt, aus den Dornwunden sickerte das Blut, rann ihm über die Augen, über die Wangen. Ein Blutstropfen fiel auf den Fruchtkolben des Schilfrohrs in seiner Hand, davon wurde er ganz dunkel. Seitdem sind die Schilfkolben nicht mehr goldgelb, sondern bräunlich rot wie trockenes Blut. So verkünden sie bis auf den heutigen Tag das Königtum des Heilands und sein bitteres Leiden.

In der Wüste

Jesus hatte sich, ehe er unter das Volk ging und das Reich Gottes verkündete, in die Wüste zurückgezogen. Dort lebte er bei Fasten und Beten in einer Höhle. Sein Geist war bei Gott, seine menschliche Natur aber gewöhnte er an die Nöte, Gefahren und Entbehrungen der Erde. In der letzten Nacht saß er vor der Höhle und hörte in der Dunkelheit die wilden Tiere über den Sand schleichen. Sein göttlicher Blick durchdrang die Nacht, in der die Dämonen der Finsternis umgingen, und sein Herz erglühte in erbarmender Liebe zu allen gehetzten und geängstigten Kreaturen. Da kam eine Hindin auf der Flucht vor einem Raubtier zitternd zu ihm gelaufen, nach einer Weile kam ein Reh, bald darauf ein Hase, eine Hirschkuh, eine Gazelle. Alle Tiere der Gegend, die in dieser Nacht verfolgt wurden, kamen zu der Höhle und blieben bei Jesus bis zum Morgen; da entließ er sie mit seinem Segen. Er selbst rüstete sich, zu den Menschen zu gehen, denn ihn hungerte. Als er sich anschickte, die Höhle zu verlassen, sah er seine Mutter durch die Wüste auf ihn zukommen. Sie hatte ihm einen Kuchen gebacken, den brachte sie ihm jetzt, dazu ein Krüglein Wasser. Aber, o Jammer, der Kuchen war unterwegs trocken und das Wasser im Krug schal geworden, denn sie hatte sich verirrt und war lange herumgelaufen, ehe sie die Höhle fand. Jesus nahm die Gabe dankbar an, Maria aber war traurig, daß sie ihm nichts Besseres bringen konnte und daß diese armselige Mahlzeit noch verdorben war. „Als ich fortging, war alles noch frisch“, sagte sie. „Ach, mein lieber Sohn, ich hätte dir gern Wein gebracht und einen frischen Kuchen!“ Jesus aber sagte zu ihr: „Laß dich das nicht betrüben, Mutter, und schau her!“ Er hob seine Augen zum Himmel auf und segnete Krug und Kuchen. Da wurde das Wasser zu Wein, und der Kuchen war wieder frisch. Jesus genoß einen Teil davon, das andere gab er seiner Mutter, dann gingen sie selbander aus der Wüste.

Im Walde

Als Jesus mit seiner Mutter in das Jordantal kam, führte sie der Weg durch einen großen Wald. Es war Winterszeit. Durch die kahlen Bäume rann unaufhörlich der Regen. Jesus sah voller Mitleid, daß Kopftuch und Mantel der heiligen Mutter schon ganz durchnäßt waren. Maria aber schwieg und blickte hin und wieder besorgt auf ihren großen Sohn, dem der kalte Regen in das heilige Antlitz schlug. Sie bewunderte seine Demut und seine Geduld. Er, dem doch alles untertan ist, gab sich ohne Schonung den Nöten und Drangsalen der Erde preis! Vergebens sah sie sich nach einer Hütte oder Höhle um, in der sie eine Zuflucht hätten finden können. Da richtete sie ihre Augen von der erbarmungslosen Erde hinauf zum Himmel und betete um Hilfe. Zugleich sagte sie in ihrem Herzen: „Ach, du blinde und taube Kreatur, daß du nicht merkst, wer da durch den Wald geht! Ihr Bäume, wie könnt ihr nur so schlafen! Wenn euch die Sonne wecken kann, wieviel eher müßtet ihr aufwachen, wenn der kommt, der die Sonne und alle Lenze und alle Sommer gemacht hat, durch dessen Kraft die Quellen strömen, die Vögel singen, die Blumen blühen! Ich kann es gar nicht begreifen, daß ihr so träge seid!"

Jesus wußte um ihre Gedanken, um ihr Sorgen und Beten, und er gedachte, ihr eine Freude zu machen. Leise sprachen seine Lippen ein Segenswort. Da rührte sich der Wald, wie ein Riese sich in Fesseln rührt. Ein warmer Wind brauste durch die Wipfel und schlug die Zweige gegeneinander. Danach war es ganz still, selbst der Regen war leise geworden.

Und die Knospen der Bäume begannen zu keimen, gleich darauf sprangen sie schon auf, und das junge Grün quoll hervor. Es dauerte nicht lange, und der ganze Wald veränderte sein Aussehen, es ging schnell, wie wenn eine grüne Flut braunes Land überschwemmt. Jesus und Maria gingen wie in einer riesigen Laube. Der Boden war mit Moospolstern belegt und duftete ringsum nach frischem Waldmeister.

Nach einer Weile kamen sie an eine Stelle, wo die Bäume noch kahl waren. Das waren die Lärchen, edle Bäume aus altem, vornehmem Geschlecht. Sie waren zu stolz, um zu tun, was die anderen taten, und obendrein zu träge. Für den frommen Eifer der anderen Bäume hatten sie nur Spott und Hohn. Über ein halbes Jahr lang hätten sie ihre Nadeln getragen, meinten sie, und jetzt solle man sie in Ruhe lassen. Seit undenklichen Zeiten wäre es in ihrer Sippe Brauch, den Winter zu verschlafen und sich um nichts zu kümmern, und jetzt solle auf einmal mit der alten Gewohnheit gebrochen werden? Das machten sie nicht mit!

Jesus und Maria gingen vorüber und achteten nicht weiter auf die eigensinnigen Bäume. Aber in seiner Gerechtigkeit hatte der Heiland schon heimlich das Urteil über sie gesprochen. Als sie aus dem Wald herauskamen und einen Hügel bestiegen hatten, hob Jesus seine Hand über das rauschende Wipfelmeer zu seinen Füßen und sprach: „Ihr, die ihr ohne Bedenken den Winter von euch geschüttelt habt, seid gesegnet! Seid gesegnet für euer Vertrauen, für eure Liebe! Seid gesegnet, daß ihr euch um meinetwillen mit Grün geschmückt! Fortan sollt ihr immer grünen, Sommer und Winter, ihr, Tanne, Fichte, Zeder, Pinie, Kiefer! Solange ihr lebt, sollt ihr euren Schmuck nicht verlieren. Mensch und Tier soll, wenn es regnet oder schneit, unter euch einen Schutz finden, weil ihr heute die Mutter Maria und mich beschützt habt. Du aber, hoffärtige Lärche, wirst jedes Jahr im Herbst erblassen, du wirst matt und schwach werden und kannst dein Sommergewand nicht mehr halten und mußt es in den Schmutz fallen lassen. Also wird dir geschehen, weil du die Stunde des Heils nicht erkannt hast!"

Jesus unter den Feldblumen

Wenn Jesus sommerabends das Feld entlangging und seine Hand kosend über das Korn strich, musizierten die kleinen Grillengeiger lauter als sonst, ehrfürchtig neigten sich die Ähren, und die Blumen zwischen den Halmen drängten sich herzu, um den Herrn zu sehen. Da waren die Kornblumen und der Klatschmohn, der sich auffällig machte mit den blutroten Herzen seiner Blütenblätter, als wäre er der einzig Liebende unter allem Gewächs des Feldes. Da stand auf hohem Stengel die Kornrade und in hellen Haufen das Völkchen der Kamille. Sie alle empfingen einen Blick aus den Augen des Heilands. Sooft er den kleinen Feldweg entlang kam, ging ein erregtes Flüstern durch die Halme, die großen Blumen machten sich noch größer und drängten die kleinen zurück. Ach, diese kleinen, sie wurden gar zu sehr verachtet von ihren stolzen Schwestern! Am schlimmsten erging es der Ackerwinde. Nun ist es freilich wahr, daß sie fast ein Krüppel unter den Feldblumen genannt werden kann, denn sie kann nicht einmal auf eigenen Beinen stehen. Immer muß sie sich an wen anlehnen und mühsam sich an anderen emporranken, wenn sie die Sonne und den weiten Himmel sehen will. Manche von ihnen haben nicht einmal eine armselige Stütze, so müssen sie in ihrer Gebrechlichkeit über den Boden kriechen.

Sosehr sich die Ackerwinde auch anstrengte, einen Blick des Heilands zu erhaschen, nie gelang es ihr. Keine der Blumen wollte ihr Platz machen oder ihr als Stütze dienen. Da kam ihr ein Einfall. Sie wollte kühn sein, wie Kinder manchmal vor hohen Herrschaften sind, und einfach seine Füße umfangen, wenn er wieder vorüberging. Sie wollte ihn gleichsam ein wenig fesseln, nicht sehr, aber doch so viel, daß sich der Gottessohn zu ihr niederbeugen mußte.

So kroch die Ackerwinde quer über den Weg, den Jesus hin und wieder gegen Abend ging, und wartete. Keine der großen Blumen des Feldes ahnte etwas von der List; nur das kleine Ehrenpreisblümlein, das unbeachtet in der Nähe stand, machte sich seine Gedanken darüber und nahm sich vor, recht aufmerksam zu sein und auf das, was da geschehen könnte, wohl zu achten.

Am nächsten Tage kam Jesus wieder den Feldweg gegangen. Das eifrige Wispern der Halme verriet auch den kleinsten Blumen, die kaum bis zur Spitze der Ähren sehen konnten, daß der Herr nahe sei. „Jetzt! O, hoffentlich glückt es!" flüsterte die Ackerwinde am Boden. „Was soll denn glücken?" fragte der Ehrenpreis und stellte sich dumm. „Das geht dich nichts an", wehrte die Winde das neugierige Bürschlein ab und setzte etwas versöhnlicher hinzu: „Du wirst schon sehen! Halte dich nur schön zurück, es könnte sonst schlimm für dich auslaufen!"

Jetzt hörten sie an dem stärkeren Rauschen der Halme, daß der Herr ganz nahe sein mußte. Da tauchte seine hohe Gestalt auf; sein göttliches Antlitz war dem Feld zugewandt, allen den vielen Blumen, die verlangend zu ihm hinschauten. Plötzlich blieb er stehen und bückte sich. Ein gütiges Lächeln verbreitete sich über sein Angesicht. Vorsichtig befreite er seine Füße aus der Schlinge der Ackerwinde, hob den Blütenkelch mit zwei Fingern auf und blickte hinein. Von diesem Heilandsblick bekam der Kelch jenen matten Perlmutterglanz, der seitdem alle entzückt, die mit reinen Augen hineinschauen.

Als der Herr sich bückte, bemerkte er auch den Ehrenpreis. Auch ihm schenkte er einen Blick, der die kleine Blume so verzauberte, daß sie seitdem ganz und gar einem Kinderauge gleicht, so rein und fromm und unschuldig schaut sie uns an. Sie wird „Ehrenpreis“ genannt, weil sie von allen Blumen, denen der Heiland auf dem Wege zwischen Wiese und Feld begegnet ist, die höchste Ehre erfahren hat: er hat ihr das Auge eines Kindes gegeben, das ist so licht und so blau wie der Himmel an einem Maimorgen.

Die Lerche

Während der Heiland lehrend, segnend und Gutes tuend durch das Land zog, saß Mutter Maria in ihrer Stube und dachte daran, wie es ihrem lieben Sohn jetzt wohl gehe, wo er weile und ob er auch jeden Abend ein Dach über dem Kopf habe. Manchmal, wenn er lange fort war, kamen ihr gar traurige Gedanken. Sie erinnerte sich dann der Weissagungen, die von bitteren Leiden und Demütigungen des Messias kündeten. Aber mit wem hätte sie darüber sprechen können! Alle ihre Schmerzen mußte sie in ihrem Mutterherzen verschließen. Nur wenn Jesus einmal für einen Tag in das Elternhaus nach Nazareth kam, war ihr leicht und froh zumute. Aber er kam jetzt so selten! Das Volk, die Armen und Leidenden hatten ihn mehr als sie, die Mutter; unter den Leuten in Nazareth kam schon die Rede auf: Er geht sogar mit den Sündern und ißt mit ihnen!

Der Heiland wußte von der heimlichen Traurigkeit seiner Mutter und von den Sorgen, die sie um ihn hatte. Zu ihrer Freude schickte er ihr ab und zu einen kleinen gefiederten Boten. Das war die Lerche. Wenn die heilige Mutter Gedanken an den kommenden Abschied nachhing, flog der Vogel vor ihrem Fenster auf und ab und sang seine frohesten Weisen, bis Maria herbeikam und ihm zusah und endlich vom vielen

Schauen in das Himmelsblau wieder helle Augen bekam. Es dauerte dann nicht lange, und sie sang auch.

Wenn der Herr sich auf den Weg nach Nazareth machte, flog die Lerche ihm voraus und meldete Mutter Maria den Besuch. Dann eilte sie voll Freude ihm entgegen, bis an den Gartenzaun, bis auf die Gasse lief sie, und die Lerche flog zwitschernd hin und wieder zwischen Mutter und Sohn.

In der Morgenfrühe des Ostertages war die Lerche schon wach, und als die Frauen zum Grabe des Herrn kamen, sang sie ein jubelndes Auferstehungslied. Ihre größte Stunde aber erlebte sie am Himmelfahrtstage. Weil sie den Herrn auf seinen Wanderungen durch das Land stets treulich begleitet hatte, durfte sie allein von allen Geschöpfen ihn ein gutes Stück auf der Himmelfahrt begleiten. Bis weit über die Wolken ging ihr Flug mit dem Heiland. Am liebsten wäre sie gleich mit in den Himmel geflogen, aber hoch oben im blauen Äther sah sie auf einmal den Herrn nicht mehr, und so mußte sie umkehren. Seit dem Tage darf sie höher als alle Vögel gen Himmel aufsteigen, so hoch, daß Menschenaugen sie nicht mehr sehen. Und jedesmal singt sie dabei aus voller Kehle ein Loblied dem Auferstandenen, der über alles erhöht worden ist.

Geißel und Dornenkrone

Als die Schergen den Heiland im Hof des Pilatus gegeißelt hatten, warfen sie die zerschlagenen Rutenbündel beiseite. Durch das kostbare Blut, das den Ruten anhaftete, wurden sie nach einiger Zeit auf wunderbare Weise lebendig, und es entstand aus ihnen ein neuer Strauch, der kroch an den Mauern empor und überwucherte nach und nach den ganzen Hof. Pilatus ließ die Ranken abschneiden und verbrennen, aber sooft das auch geschah, es half nichts, der Strauch ließ sich nicht mehr verdrängen, er kam nur immer stärker und üppiger wieder zum Vorschein. Schließlich kroch er an der Hauswand hoch und griff mit seinen kralligen Fingern durch die Fenster. Wenn Pilatus nachts, von Gewissensbissen gepeinigt, aufwachte, hörte er die schwarzen Finger drohend ans Fenster klopfen. Er begann sich zu fürchten, überließ Haus und Hof der rachesuchenden Pflanze und zog in einen anderen Palast, tausend Schritte von dem alten fort. Der Strauch gab sich nun auf die Suche, kroch über die Mauern, über Gräben, Hügel, Steppen, Heiden, und heute findet man ihn in der ganzen Welt. Wo er sich breitmacht, ist das Land zu nichts nütze. Kein Vogel baut in seinem dornigen Gerank sein Nest, kein Tier sucht unter seinen Zweigen eine Zuflucht. Durch Wurzeln, Ranken und Blätter schimmert es rot wie Blut. Wenn der Sommer zur Neige geht, flammen die Blätter in blutiger Röte auf, einige Blätter aber haben das ganze Jahr rote Flecken. Das ist die Erinnerung an die Geißelung unseres Herrn, und die Pflanze, die diese traurige Erinnerung trägt, ist der Brombeerstrauch. Die Bauern nennen ihn auch Teufelsstrauch und seine Beeren Teufelsbeeren. Das ficht die Kinder aber nicht an; sie kommen und pflücken die schwarzen Beeren und fragen nicht viel, was es mit den roten Adern in den Ranken und den roten Flecken auf den Blättern auf sich hat. Aber es hat noch keins viele Beeren gesammelt, ohne daß es ein wenig Blut hat hergeben müssen, denn die Dornen sind arglistig und wissen allemal ein Fingerlein zu erhaschen, in das sie sich rasch hineinbeißen.

Die Dornenkrone, mit der die Soldaten das heilige Haupt Jesu so arg zerstachen und verwundeten, war aus Weißdorn gemacht und hat zweiundsiebzig Dornen gehabt. Man heißt den Weißdorn daher auch wohl unseres Heilands Marterdorn. Als die Söldner an den Berghang zu dem Weißdornbusch kamen und einige Zweige für die Dornenkrone abreißen wollten, ließ er vor Schreck alle seine Blüten zur Erde fallen. Er wehrte sich mit allen Kräften, daß man ihn zu so schändlichem Dienst mißbrauche, aber es nützte ihm nichts, er mußte seine Dornenzweige hergeben. Seitdem seufzt der Strauch jedes Jahr in der Nacht vom Gründonnerstag zum Karfreitag. Wer in dieser Nacht in seine Nähe kommt, soll nicht erschrecken, wenn er das Seufzen hört, und er soll sich nicht wundern, daß der Strauch zittert, wenn auch kein Wind geht. Er soll beherzt hinzutreten und den armen Weißdorn im Namen Jesu segnen, und er soll ihm sagen, daß die Wunden des Herrn jetzt wie Rubine leuchten, wie eine Krone von Rubinen, und daß alles Leid und alle Schmerzen vergangen sind.

Die Tanne

Das Holz, aus dem die Juden das Kreuz für den Heiland machten, wurde von der Tanne genommen. Zum ewigen Gedenken daran müssen die Zweige des Baumes alle so wachsen, daß sie Kreuze bilden. So ist der ganze Tannenbaum, von welcher Seite du ihn auch ansiehst, voll von Kreuzen. Außen sind die kleinen; wenn du die Zweige auseinanderbiegst und hineinschaust, so findest du näher beim Stamm die größeren. Das Harz der Tanne aber ist hell wie Tränen, und die Tränen fließen oft und reichlich.

Nun wird manch einer fragen, wie es denn gekommen ist, daß die Menschen die Tanne zum Christbaum gemacht haben. Wenn sie doch eine so traurige Erinnerung trägt, wie kann sie denn der Baum der Freude, der Lichterbaum unserer heiligen Weihnacht sein? Das hat seine Geschichte, und es ist noch keine hundert Jahre her, daß sie passiert ist.

Man muß wissen, daß in der Christnacht eine wunderbare

Veränderung in der Natur vor sich geht. Um Mitternacht, in der Stunde der Geburt des Erlösers, können Tiere und Pflanzen sprechen. In den Bienenstöcken hört man ein liebliches Summen und Singen, das Vieh liegt im Stall auf den Knien, Blumen und Bäume reden von geheimnisvollen Dingen. Einmal schüttete in der Christnacht die Tanne den Nachbarbäumen ihr Herz aus: „Ich habe es in der langen Zeit nicht verwinden können, daß ich es gewesen bin, die das Holz zum Kreuz des Herrn hergegeben hat", klagte sie. „Der Gedanke daran verdunkelt mir die sonnigsten Tage. Ich habe schon ein ganz finsteres Gemüt bekommen. Mehr als einmal hörte ich die Menschen sagen, der Tannenwald sei düster und schauerlich; die Kinder fürchten sich, allein hineinzugehen. Niemand anders als der Heiland selbst kann den Fluch von mir nehmen. Er ist so gut, so großmütig. Glaubt ihr nicht auch, meine Schwestern, daß er mir verzeihen wird? Ach, wenn ich daran denke, daß ich es war, ich, o ich Unglückliche ..." Sie stöhnte laut auf und konnte vor Leid nicht weitersprechen.

Plötzlich stand sie in hellem Licht, als wäre der Mond aus den Wolken getreten. Der ganze Wald war von einem zarten Schein durchflutet; aber es war kein Mond am Himmel, der Glanz kam vom Christkind, das war auf dem Wege zu den Menschen. Im Vorübergehen hörte es die Klage der Tanne und blieb stehen. Nun hub es an, den Baum zu trösten, und sagte ihm, daß er unschuldg sei, die Schuld treffe allein die hartherzigen Menschen. Die Tanne wurde bei den liebevollen Worten des göttlichen Kindes ganz beschämt und wollte sich nicht trösten lassen. Jetzt aber sagte ihr Jesus etwas, das sie für alle Zeit ihren Kummer vergessen ließ. „So wisse denn", sprach er, „was immer du dir zur Schuld anrechnest, das ist dir vergeben um der Trübsal willen, die du um mich getragen hast. Und daß du fürder nicht mehr um mich trauerst, will ich dir das Geheimnis meines Sterbens sagen, denn heute, in der Nacht meiner Geburt, ist es offenbar geworden, aber niemand will es wissen; die Menschen wollen sich freuen und nicht an das Leid denken, aus dem ihre Freude gekommen ist. Diese Stunde, die sie mit Singen und Lachen grüßen, ist die erste Stunde meines Leidens, jeder Tag meines Lebens war ein Teil des großen Leidens. Die Not und die Kälte im Stall, die Entbehrungen auf der Flucht nach Ägypten, das gehorsame Arbeiten im Hause von Nazareth, die Bosheit der Pharisäer, die Torheit des Volkes, der Kleinmut der Jünger, der Verrat eines meiner Tischgenossen, alle die vielen Wunden, große und kleine, die ich in Schmach empfangen habe, alles das ist eins, das *eine* große Opfer. Aus alledem kam die Erlösung, und es gehört dazu Geburt wie Tod, die Krippe und das Kreuz. Das sollst du hinfort den Menschen künden. Du sollst ihr Weihnachtsbaum sein, aber du sollst auch in den Kreuzen, die du an allen Zweigen trägst, meinen Tod verkündigen. Ich werde in den Menschen das Verlangen erwecken, dich in ihre Häuser zu holen; alle werden sie kommen, Arme und Reiche, Hohe und Geringe. Sie werden dich mit Lichtern zieren, mit Gold und Silber, mit Frucht und Stern. Da sollst du vergessen, daß du einmal meine Schultern gedrückt und daß du von meinem Blute benetzt wurdest. Du sollst der Baum des Friedens werden, weil du der Baum des Leidens gewesen bist. Das soll den Menschen sagen, daß der Friede aus dem Leiden und die Freude aus der Traurigkeit aufsprießt wie das Gras nach dem Regen. Du hast Schmerzen um mich getragen, so wirst du über alle Bäume erhöht werden. Viele, viele Kinderaugen werden zu dir aufstaunen, und diese reinen Kinderaugen werden Spiegel sein, in denen alle Freude, die du spendest, widerglänzt, und ihr Glanz wird ein Lohn für dich sein, wie die Erde keinen bessern hat, soviel Zeiten auch vergangen sind und noch kommen werden."

Das war die Weihnachtspredigt des göttlichen Kindes im Wald. Atemlos stand die Tanne, atemlos standen die Bäume ringsum und lauschten den Worten und konnten es lange nicht fassen, daß ein so geringer Baum also geehrt werden sollte.

Das Christkind segnete die Tanne, segnete den Wald und ging fort zu den Menschen. Und der Wald sank wieder in Dunkelheit, es ging so rasch, wie wenn eine dicke Wolke vor den Mond tritt.

Jesu-Wunden-Kraut

Neben dem Weg, den der Heiland mit dem schweren Kreuz zum Berg Kalvaria ging, wuchs ein Kraut mit gelben Blüten. Als es den Herrn herankommen sah, wie er tief unter der Last gebeugt mit blutüberströmtem Antlitz daherwankte, ward es von innigem Mitleid ergriffen. Was aber hätte dies arme Gewächs am Straßenrande tun können, um Jesus sein Mitleid zu zeigen, um ihm vielleicht gar ein klein wenig zu helfen? Schon war der müde Kreuzträger nahe, da schwanden ihm die Kräfte, der Kreuzbalken drückte ihn nieder, und er fiel. Aber er fiel nicht in den Staub der Straße, sondern ein wenig zur Seite, gerade dorthin, wo das gelbe Kraut stand. Das empfing den wunden Körper mit zarten Händen und kühlte, zitternd vor Weh, das fieberheiße heilige Antlitz und die gesprungenen Hände des Herrn. So konnte es für eine kleine Weile den Schmerz der Wunden mit dem Balsam seiner weichen Blütenblätter lindern. Als sich Jesus unter den groben Händen der Soldaten wieder erhob, blickte er mit gütigen Augen die Blume an. Von diesem Blick ging eine wunderbare Kraft auf sie über. Sie ist seitdem ein gesegnetes Heilkraut, gut gegen allerlei Krankheiten. Zum Andenken an das kostbare Blut, das sie am Kreuzwege aus des Heilands Wunden empfing, ist sie von einem roten Saft durchflossen. Wenn man die Blüten zerreibt, färben sich die Finger rot wie frische Wunden, und ein gar süßer Duft bleibt zurück. Deshalb heißt die Pflanze „Jesu-Wunden-Kraut". Man nennt sie auch Johanniskraut, weil der heilige Johannes sie behutsam wieder aufgerichtet hat, als er vom Kalvarienberg zurückkam und sie geknickt am Wegrand sah.

Die Nägel

Der Heiland war unter den Stößen der Schergen und dem Geschrei des Volkes auf dem Kalvarienberg angelangt. An der Stelle, unter der das längst vergessene Grab Adams lag, gruben die Troßknechte ein Loch, in das der Kreuzesstamm eingelassen werden sollte. Währenddessen kam schimpfend und klagend die Drossel angeflogen und spähte umher, ob sie nicht eine Gelegenheit fände, das schändliche Treiben der Henkersknechte zu stören. Da entdeckte sie die drei Nägel am Boden, mit denen Hände und Füße des Herrn durchbohrt werden sollten. Rasch flog sie fort und holte zwei Gefährtinnen. Jede packte nun, während die Soldaten Jesus entkleideten, mit dem Schnabel einen Nagel und trug ihn fort. Nicht weit von der Schädelstätte stand ein Strauch, auf den flogen sie zu. Die Soldaten, die nur die drei Nägel mitgenommen hatten und über den Raub sehr zornig wurden, sahen nun, wie die Vögel im Schatten des Gebüsches verschwanden. Gleich darauf kamen sie ohne die Nägel wieder hervor und flogen mit spöttischem Geschrei davon. Der Hauptmann schickte zwei Soldaten zu dem Busch und befahl ihnen, die Nägel zu suchen, ohne sie sollten sie es nicht wagen, wieder vor ihm zu erscheinen. Die Soldaten krochen unter den Strauch, durchsuchten den Boden und das ganze Astwerk, aber sie konnten keine Spur von den Nägeln entdecken. So standen sie ratlos vor dem Busch und überlegten, was sie dem gestrengen Hauptmann melden sollten. Da bemerkten sie am Strauch seltsame Blüten, wie sie solche im ganzen Land noch nicht gesehen hatten. Die Blüten waren von weißer, purpurner und violetter Farbe und verbreiteten einen überaus lieblichen Duft. Als sie die Blüten näher betrachteten, fanden sie, daß eine jede von ihnen aus vielen kleinen Nägeln zusammengesetzt war. Jeder brach nun eine Dolde ab, eine weiße, eine purpurfarbene und eine violette, und damit gingen sie zu ihrem Hauptmann und sagten ihm, daß sie keine anderen Nägel gefunden hätten als diese hier. Der Hauptmann entriß ihnen zornig die Blumen und warf sie Jesus zu Füßen. Dann schickte er zwei andere Soldaten zu dem Strauch, doch auch diese fanden keine anderen Nägel als die in den Blüten. Und sie brachen jeder einen Zweig ab und brachten ihn ihrem Vorgesetzten. Die Leute, die umherstanden, wunderten sich sehr über die unbekannten edlen Blumen und nannten sie „Nägelein". Den Namen haben sie bis auf den heutigen Tag behalten. Wer genau hinschaut und die Nägelein erkennt, mag sie gar nicht anders nennen, wie auch die Kinder tun, mögen die Großen noch so oft „Flieder" dazu sagen.

Die drei Farben, in denen die Näglein blühen, haben auch ihre Bedeutung. Die violette Farbe bedeutet Trauer über das bittere Leiden des Herrn, die purpurne erinnert uns an das am Kreuzesstamm vergossene heilige Blut, und die weiße verkündet den Sieg des Gottessohnes über den Tod und die Herrlichkeit seines verklärten Leibes im Himmel.

Die Drosseln haben freilich in ihrer Einfalt das blutige Werk nicht lange aufhalten können. Als nämlich der Hauptmann sah, daß die Nägel verloren waren, schickte er seinen schnellsten Reiter hinab nach Jerusalem, daß er schleunigst neue kaufe. Auf halbem Wege in die Stadt begegnete er einem Zigeuner, der allerhand Tand mit sich herumtrug. Den hielt er an und fragte ihn, ob er nicht drei kräftige Nägel zu verkaufen habe, Jesus von Nazareth solle ans Kreuz geschlagen werden, da oben warte das Volk schon mit Ungeduld auf das Schauspiel. Ja, drei Nägel habe er wohl, entgegnete der Zigeuner, es käme darauf an, was er dafür bezahlen wolle. Drei Silberlinge, sagte der Reiter, doch das war dem Zigeuner zu wenig. Da sie sich nicht einigen konnten, nahm der Soldat den Mann mit zu seinem Hauptmann. Als der Zigeuner die Richtstätte betrat und das Schild sah, auf dem geschrieben stand: „Jesus von Nazareth, König der Juden", verlangte er den doppelten Preis. „Nägel für einen König müssen auch königlich bezahlt werden", sagte er, und der Hauptmann, des Feilschens überdrüssig, zahlte den geforderten Preis. Dafür bekam er drei rostige Nägel, die der Zigeuner irgendwo am Weg gefunden hatte.

Die Zigeuner sind seitdem dazu verdammt, ruhelos über Land zu ziehen. Noch niemand hat sie lachen sehen, ihre Augen blicken traurig, schwermütig ist ihre Musik. Sie sind arm und begierig, aber alle ihre Habgier mindert nicht ihre Armut. Was andere Leute fortwerfen, erscheint ihnen noch gut genug zum Mitnehmen, und sie sehen keinen Nagel am Weg liegen, den sie nicht aufheben.

Die Passionsblume

Am Fuße des Kreuzes auf Golgatha wuchs, von den Menschen unbeachtet, eine Blume, das einzige Gewächs auf dem kahlen Felsen der Schädelstätte. Alles Fühlen und Mitleiden, das in einer Pflanze verborgen sein kann, wurde in der Stunde, da die Menschen den Heiland der Welt ans Kreuz schlugen, in ihr lebendig. Als die Soldaten dem Herrn die Kleider vom

Leibe rissen, war es ihr, als reiße man ihr die Blätter einzeln vom zitternden Stengel; als sie den Heiland auf dem harten Kreuzesbaum ausstreckten, war ihr zumute, als zerre man sie entzwei, und als sie das Kreuz aufrichteten, durchzuckte sie ein Schmerz von der Wurzel bis zur Blüte, so weh, als würde sie von rauher Hand aus der Erde gerissen.

Da hing nun der Menschensohn in seinen Qualen über ihr, und sie konnte nichts für ihn tun. Wie gerne hätte sie sich als Balsam für seine Wunden geopfert! Sie dachte hin und her, wie sie es anstellen könne, ihrem Herrn einen Dienst zu erweisen. Eins konnte sie vielleicht tun, wenn Gott ihr die Kraft dazu gäbe. Sie wollte sich am Kreuzesstamm emporranken und ihre Blätter lindernd zwischen das harte Holz und den wunden Leib breiten. Mit aller Kraft, die ihr die Liebe gab, hob sie sich vom Boden auf, klammerte sich an das Kreuzesholz und strebte empor. Aber so sehr sie sich auch mühte, sie kam nur wenig vorwärts, und dann war es ganz zu Ende. Da kam ihr die Gewißheit, daß Gott um ihretwillen kein Wunder wirke, daß der Menschensohn ohne allen Trost seines Leidens Kelch bis zur Neige austrinken müsse. Und sie beugte sich, wenn auch zitternd vor Schmerz, vor dem Ratschluß Gottes. In dem Augenblick geschah es, daß die Blume um ihres kindlichen Mitleids willen für alle Zeit verwandelt und in den Augen der Engel und Menschen über alle ihre großen und kleinen Schwestern erhöht wurde. Wie einige begnadete Menschen, da sie das Leiden des Herrn innig wie ein eigenes erlitten, an Händen, Füßen und Seite die Wundmale empfingen, so prägte sich auch der Blume am Fuß des Kreuzes die heilige Leidensspur ein. Der Kranz ihrer Blütenblätter wurde zum Bild der Dornenkrone, die roten Punkte darauf sind die vielen Dornenwunden rings um das heilige Haupt, die fünf Staubgefäße sind das Zeichen der fünf Wunden Jesu, die drei Narben gleichen den Nägeln, die des Heilands Hände und Füße durchbohrten, der Griffel in der Mitte aber ist das

Abbild der Lanze, mit der ein Soldat die Seite des Herrn durchstieß.

Weil so die Pflanze die Zeichen des Leidens Christi an ihrem Blütenleib trägt, heißt sie „Passionsblume". Sie ist von Gott so hoch geehrt worden, weil sie mit dem gekreuzigten Heiland Angst und Weh erlitten hat und weil sie sich für ihn opfern wollte in einer Stunde, da selbst die Jünger geflohen waren.

Das Schneeglöckchen

Als Jesus am Kreuz gestorben war, trauerte die ganze Natur. Die Erde bebte, die Sonne verfinsterte sich, und ein eisiger Wind fegte über Golgatha. Ringsum starb alles Leben ab, das Gras wurde welk, die Blumen ließen die Köpfe hängen, und schließlich begann es noch zu schneien, so daß bald nichts Grünes mehr im weiten Umkreis um das Kreuz zu sehen war.

Am Abend kam der Ratsherr Joseph mit Nikodemus, und sie nahmen den Leichnam Jesu vom Kreuze ab und legten ihn auf seiner Mutter Schoß, die weinte über ihm. Und als sie ihn hinabtrugen in den Garten, um ihn in die leere Grabhöhle zu legen, folgten ihnen die frommen Frauen. Sie waren sehr traurig, alle Hoffnung war ihnen geschwunden und die Erinnerung an die Verheißung des Herrn, sie sahen nur den Tod und das Ende. Noch einmal würden sie kommen und den heiligen Leib salben, dann würden sie ihn nicht mehr sehen, und das Leben ginge seinen alten Gang ohne den Trost und den Frieden, den er allein geben konnte. Mit tränenschweren Augen blickten die Frauen über den verschneiten Berg und klagten, daß es nun nie wieder Frühling werden könne und daß alle Blumen tot seien. Maria, die Mutter des Herrn, hörte die Klagen, und es tat ihr weh, daß die Frauen so kleingläubig und so ganz ohne Hoffnung waren. „Nein", flüsterte sie, „nein, mein Jesus, das ist nicht das Ende. Du wirst wiederkommen, ich weiß es. Nur eine kleine Weile ... nur eine kleine Weile..." Und da die Begleiterinnen fortfuhren, über das Ende des Reiches Gottes zu klagen, wandte sie sich um und sagte: „Er wird wiederkommen, daran sollt ihr nicht zweifeln. Er wird auferstehen und wieder bei uns sein. Wir werden uns seiner noch freuen, und sein Reich wird alle Reiche der Erde überdauern."

Die Frauen sahen sie ganz verzagt an und schüttelten den Kopf. „Es ist alles tot, alles tot", sagte eine und wies auf den im Schnee begrabenen Berg. Da hielt Maria ihre Hand auf und ließ eine vom Himmel herabsinkende Schneeflocke hineinfallen, die hauchte sie an, und als ihr Atem sie berührte, wurde sie zu einer zarten weißen Blume auf grünem Stengel. „Das ist das Zeichen der Auferstehung", sagte sie zu den Frauen und hob die Blüte mit zwei Fingern gegen sie auf. „Aus Schnee ist die kleine Blume lebendig geworden, der Schnee aber ist der Tod. So sollt ihr glauben, daß euer Herr lebendig wird, wenn ihr ihn auch jetzt als einen Toten zu Grabe geleitet." Und sie bückte sich und pflanzte das weiße Blümlein in den schneeigen Grund. Dort faßte es sogleich Wurzeln und blühte und gedieh, und Schnee und Kälte taten ihm keinen Schaden. „Schneeglöckchen" wird es genannt, denn es läutet die Auferstehung ihrer Schwestern ein, die unter dem Schnee schlafen. Wenn wir mit unseren groben Ohren auch nichts von dem Geläut merken, die Blumen in ihrem Grabe hören es wohl, und dann wissen sie, daß bald Ostern ist. Noch jedes Jahr verkündet das Schneeglöckchen, was es damals zuerst die trauernden Frauen gelehrt hat: daß wir in der Traurigkeit nicht die Hoffnung verlieren und daß unsere Toten auferstehen werden, wie der Heiland auferstanden ist, der Erstling der Entschlafenen.

Osterflammen

In der Frühe des Ostermorgens kamen die Frauen zum Grabe Jesu und fanden zu ihrem Verwundern den Stein schon fortgewälzt. Ehe sie hineingingen, zündeten sie, da es dämmerig war, eine Kerze an. Als sie nun zaghaft einige Schritte vorwärts taten, sahen sie einen Engel zu Häupten des Grabes sitzen, der glänzte wie die Sonne, seine Augen hatten die Helligkeit des Blitzes, und sein Gewand schimmerte wie frischer Schnee. Maria Magdalena, da sie den Glanz sah, ging wieder hinaus und steckte die Kerze vor dem Eingang in die Erde, dann kam sie zu ihren Gefährtinnen zurück. Keine von den Frauen konnte ein Wort sagen vor Angst, und sie begriffen nichts von allem, was geschehen war. Da fragte sie der Engel, ob sie wohl den Lebendigen oder den Toten suchen wollten? Und er erinnerte sie an die Verheißung des Herrn, daß er am dritten Tage nach seinem Leiden auferstehen würde, und befahl ihnen, hinzugehen und seinen Jüngern zu sagen, was sie hier gesehen. Da gingen sie hinaus. Draußen bückte sich Maria Magdalena nach der Kerze. Da sie aber die Hand danach ausstreckte, tat sie einen leisen Schrei und schlug die Hände zusammen. Die anderen Frauen blieben stehen und sahen zu, was es da wunders gäbe, und sie sahen, daß die Kerze sich verwandelt hatte, da sie drinnen waren. Sie war eine Blume geworden. Die Größe und Schlankheit der Kerze war ihr geblieben, aber sie hatte nicht mehr nur e i n e Flamme, sie war von vielen sanften Flammen umgeben. Das waren die hellen, zartgelben Blüten. Zuunterst brannten die großen, offenen Blütenflammen, weiter hinauf wurden sie kleiner und ganz oben saßen die Knospen, das waren die Dochte, die noch nicht brannten. Immer wenn unten eine Flamme erlischt, geht oben ein neues Blütenlicht an; so klimmt das Licht der lebendigen Kerze von unten her langsam höher, dem blauen

Himmel entgegen. Die Blume heißt deshalb auch „Himmelbrand“. Die meisten aber nennen sie „Königskerze“, weil sie am Ostermorgen zur Ehre des Christ-Königs erblüht ist. Wegen ihrer Edelheit kommt sie im Weihestrauß immer in die Mitte zu stehen, und die anderen Blumen bleiben bescheiden unter ihr, denn sie überragt alle. Sie ist in Wahrheit eine Schwester der Osterkerze, die zur Auferstehungsfeier in der Kirche angezündet wird. So brennen in den Kirchen und draußen auf den Gefilden die hohen Kerzen und preisen den Auferstandenen mit ihrem stillen Glühen und Opfern.

Als die Frauen vom Grabe weg tiefer in den Garten gingen, kamen sie an eine Wiese, über der glühten weiße Flammen; da wußten sie, daß dort der Herr gegangen war, sie wagten es aber nicht, den geheimnisvollen Spuren nachzugehen. Die Flammen, die sie da sahen, brannten unbeweglich und waren zart wie Seide, nein, noch viel feiner und zerbrechlicher, denn es waren lebendige Blumen, Krokus, die aus der Wiese aufgesproßt waren, über die des Auferstandenen verklärte Füße gewandelt.

Der Himmelsschlüssel

Als Jesus von seiner Mutter und von seinen Jüngern Abschied genommen hatte und zu seinem Vater auffuhr, begleitete ihn die Lerche auf dem Weg zum Himmel. Niemand wußte, wie hoch sie gekommen ist, Petrus aber meinte, sie hätte den Heiland bis an die Himmelspforte begleitet, denn als sie zurückkehrte, brachte sie etwas in ihrem Schnabel mit, das einem goldenen Schlüsselein glich. Maria, die mitsamt den Jüngern auf dem Bergesgipfel gewartet hatte, deutete es als ein sinnreiches und liebevolles Zeichen ihres Sohnes, daß den Menschen, die guten Willens sind, nun wieder der Himmel offenstehe. Wie nun die Lerche mit dem Himmelsschlüssel der Erde näher und näher kam, drängten sich einige der Jünger vor, und schon stritten sie miteinander, wer wohl den wunderbaren Schlüssel erhasche und wer von ihnen zuerst im Himmel sein würde. Als die Lerche dicht über ihren Häuptern schwebte und die vielen nach ihr ausgestreckten Hände sah, flog sie erschreckt davon und flatterte über eine Wiese am Fuß des Berges. Die Jünger, die ihr mit den Augen gefolgt waren, bemerkten jetzt, daß sie den Himmelsschlüssel fallen ließ, und sogleich machten sich einige auf, ihn zu suchen. Doch fanden sie auf der ganzen Wiese, so eifrig sie auch suchten, keinen goldenen Schlüssel. Statt dessen entdeckte einer eine seltsame lichtgelbe Blume, die mit ihren kleinen, süß duftenden Kelchen im Winde schwankte. Er rief die andern herbei und zeigte ihnen seinen Fund; keiner erinnerte sich, je eine solche Blume gesehen zu haben. Schließlich aber meinten sie, nicht um Blumen zu pflücken, seien sie hergekommen, sondern um den goldenen Schlüssel zu finden, und sie suchten weiter. Nach einiger Zeit kam Petrus mit Maria, der Mutter des Herrn, den Berg herab und ging über die Wiese auf die Jünger zu. Als er die Blume sah, blieb er stehen und freute sich einfältigen Sinnes über diese liebliche Gottesgabe. Maria pflückte die Blume und gab sie ihm. Da kamen die Jünger hinzu, und Petrus fragte sie, ob sie denn die schöne Blume nicht gesehen hätten. „Ei freilich“, entgegneten sie, „aber wir sind doch keine Kinder, daß wir uns bei den Blumen lange aufhalten!“

„Darum, daß ihr keine Kinder sein wollt, habt ihr den Himmelsschlüssel nicht gefunden“, sagte darauf die Mutter Gottes, doch sie verstanden nicht, was sie meinte. Da zog Petrus die Blume aus dem Ärmel hervor, und siehe, es war der goldene Schlüssel, den die Lerche über der Wiese abgeworfen hatte. Da gingen die Jünger beschämt weiter. Heimlich aber dachte jeder, die Pflanze würde schon wieder eine neue Blüte treiben, und dann wollten sie kommen und den Himmelsschlüssel holen. Als nach einiger Zeit der eine und der andere in der Morgendämmerung zur Wiese kam, fand er statt der einen Blume die ganze Wiese übersät vom lichtgelben Schein der Blumen, und keiner hat mehr herausgefunden, welches die echte ist, die sich in den goldenen Himmelsschlüssel verwandelt.

Noch heute blüht in der Osterzeit die Schlüsselblume in allen Wäldern, und noch heute ist es wahr, was damals Unsere Liebe Frau den Jüngern gesagt hat und was der Meister sie gelehrt, daß wir Kinder werden müssen, wenn wir in das Himmelreich eingehen wollen.

Der Kelch des kostbaren Blutes

Als der Herr in den Himmel aufgefahren war, reisten einige der Jünger über das Mittelmeer nach Gallien, unter denen war Joseph von Arimathäa und Lazarus mit Martha und Maria Magdalena; später kam auch der Apostel Philippus zu ihnen nach Gallien. Dort hörte er von einem Lande, das noch weiter nach Norden liege, von der grünen Insel Britannien, und er beschloß, eine Anzahl Glaubensboten in das heidnische Land zu senden. Er wählte Joseph von Arimathäa und noch elf andere aus, die machten sich auf die Reise. Als sie sich Britannien näherten, sahen sie auf einer Insel einen hohen Berg, ganz ähnlich dem heiligen Berg Tabor; der Anblick ließ ihre Herzen höher schlagen, und sie lenkten ihr Schiff an das Ufer. Die Insel hieß Avalun und galt bei den Heiden des Landes von alters her als heilige Stätte. Joseph von Arimathäa, der als erster den Fuß auf die Insel setzte, stieß seinen Stab in den Boden, und siehe da, er bekam Wurzeln, Zweige, Blätter und wurde zu einem Hagedornbusch. Da wußten die Sendboten

Christi, daß sie am rechten Ort waren, und sie gaben sich daran, ein Kirchlein und Hütten zu bauen. In der Kirche bewahrten sie ein gar liebes und hehres Andenken an unseren Herrn, den Kelch, in dem der Heiland am Abend vor seinem Leiden sein kostbares Blut seinen Tischgenossen hingegeben hatte, da er das allerheiligste Sakrament einsetzte. Joseph von Arimathäa hatte auf dem Kalvarienberg in dem gleichen Kelch die Blutstropfen, die aus der durchstochenen Seite Jesu flossen, aufgefangen, und seitdem hatte er den Kelch als sein teuerstes Gut auf allen seinen Reisen mitgenommen. So kam er nach Gallien und dann nach Britannien auf die Insel Avalun. Lange Zeit war der heilige Kelch der größte Schatz des Landes, und seine Wunderkraft wurde in aller Welt gepriesen. Wer von den Hütern zu dem Kelch zugelassen war, dem konnte an dem Tage, an dem er ihn anschaute, nichts Leides geschehen, an dem Tag alterte er auch nicht, also daß er sagen konnte, daß ihm dieser Tag zu seinem Leben zugezählt sei.

Als Joseph von Arimathäa starb und seine elf Gefährten ihm in die Ewigkeit gefolgt waren, hatten sich schon zwölf neue Hüter des Kelches eingefunden; so ging es ohne Unterbrechung durch die Zeiten, und reicher Segen ging von dem Heiligtum aus. Bis auch über England die Zeit der Heimsuchung hereinbrach: die Freunde Gottes wurden verfolgt, vertrieben, gemartert und ihre Heiligtümer zerstört. Eines Tages kam es dem letzten Abt und Nachfolger Josephs von Arimathäa zu Ohren, daß die Horden der Gottlosen auf dem Wege zum Kloster seien; sie wollten mit Feuer und Schwert in die Kirche einbrechen und den kostbaren Kelch rauben. Unter Tränen nahm der Abt den heiligen Kelch, verbarg ihn unter dem Mantel und ging in das Tal hinab. Dort vergrub er, als er sicher war, von niemand gesehen zu werden, das Heiligtum tief im Boden. Als er zurückkam, waren die Soldaten schon in das Kloster eingedrungen und töteten, da sie den Kelch nicht fanden, der Reihe nach alle Mönche, zuletzt den

Abt, weil er ihnen das Versteck des Wunderkelches nicht verraten wollte.

An der Stelle, wo der Kelch vergraben war, sprudelte später eine Quelle hervor. Mit der Zeit merkten die Leute, daß es mit dieser Quelle etwas Besonderes auf sich haben müsse. Weder Eis und Frost des Winters noch die Dürre des Sommers kann dem Quellwasser schaden, es springt immer mit gleicher Stärke aus der Erde und fließt immerfort zu Tal, keines Menschen Hand kann seinen Lauf verändern. Das Wasser sieht aus, als wäre es mit Blut vermischt; daher nennen es die Leute den Kelch- oder Blutbrunnen. Eine wunderbare Kraft wohnt in ihm. Wer von dem Wasser an sieben aufeinanderfolgenden Sonntagen aus einem kristallklaren Glas trinkt, findet Erlösung von aller Krankheit und allem Weh; er muß aber allein sein, und es darf ihn dabei niemand sehen, wie jener Abt allein war, als er den heiligen Kelch in die Erde vergrub.

Vieles ist anders geworden, da die Zeit hinging. Kloster und Kirche liegen in Trümmern, kleine Blumen wachsen zwischen den zerfallenen Altären, und Efeu verbirgt die Wunden des Gemäuers. Eins aber ist geblieben, wenn auch der heilige Kelch, da die Menschen sich seiner unwürdig zeigten, verloren ist: die Wunderkraft der Quelle, die aus dem Grab des Kelches ohne Aufhören fließt.

Der Heimgang der Magd

Vor langen Jahren lag um die Weihnachtszeit die alte Magd eines einsam in der Heide gelegenen Gehöftes krank darnieder. Vor dem kleinen Fenster ihrer Kammer dehnte sich das Schneefeld, bis es sich in einer unbestimmbaren Ferne verlor. Die Kranke, die sich von Tag zu Tag matter fühlte, ließ die Speisen, die ihr die Bäuerin oder deren Tochter brachte, fast unberührt und schien keinen anderen Wunsch zu haben, als allein zu sein und hinauszuschauen über die flimmernde Schneefläche, als sollte ihr von daher ein Wunder kommen...

Man hatte bereits den Priester aus dem Kirchdorfe geholt, und rein und gottergeben erwartete die Magd die Heilige Nacht. Da sah sie im Traum am Himmel eine weiße Rose, aus der eine rote Rose hervorblühte, sich entfaltete und Himmel und Erde mit rubinerner Schönheit durchleuchtete.

Die Kranke schlug die Augen auf. Es war noch dunkel im Gemach, aber der Glanz des Gesichtes, das ihr geworden, erfüllte sie mit großer Klarheit. Und in ihr summte das Lied von der Rose im Winter.

Mit zuckenden Lippen sagte sie vor sich hin: „Das Wort ist Fleisch geworden!" Und nach einer tiefen Versenkung der Sinne in das Unbegreifliche dieser Worte fügte sie hinzu: „Und hat unter uns gewohnt." Sie stockte. — „Wer kann das erfassen! Die Weisen müssen umkehren vor der Türe, die zur Krippe geht. Und nur die Kinder dürfen hinein und die Hirten in ihrem armen Gewand. — — Ich habe gedient, aber ich habe mich noch nicht selbst vergessen. Einmal habe ich die Stute geschlagen. Einmal an einem Sonntagnachmittag ließ ich die Kühe ohne Wasser. Nun bin ich krank, nun hat man auch mich vergessen. Niemand achtet mehr auf mich, niemand spricht mit mir, ich bin allen unnütz geworden, man wird mich bald forttragen aus der kleinen Kammer, und die Kammer gehört mir nicht, wie auch der Sarg mir nicht gehören wird. Nichts gehört mir, und ich habe kein Kind, das um mich weinen wird. Nun, Herr, bin ich ganz still und warte, daß du kommst und mich heimholst..."

Plötzlich war die Kammer von einem großen Glanz erfüllt, als wäre soeben die Sonne funkelnd über das Gewölk gestiegen, wie schon so oft, seit die Magd hier lag. Aber was ist das heute? Aus dem Schnee erblühen rote Rosen ohne Zahl, so weit das Auge reicht. Und, o Wunder, drüben am Rande der Erde erhebt sich das göttliche Kindlein und wandelt über den Schnee, geradewegs auf das Gehöft zu, zu der Kammer der Magd. Sein Antlitz ist ganz licht, sein Gewand reiner als der Schnee und feiner als der Sonnenstrahl...

Eine unsagbare Freude durchströmte die Kranke wie Fieberschauer, sie schloß die Augen und breitete die Arme aus. Und das Christkind trat bei ihr ein. Und da es ihr die Hand aufs Herz legte, stand es still. — —

Ehe man auf dem Hofe zur Kirchfahrt anspannen ließ, trat die Bäuerin mit ihrer Tochter in die Magdkammer. Sie trugen einen kleinen Weihnachtsbaum, dazu Süßigkeiten und ein neues linnenes Nachtgewand. „Sie schläft!" flüsterte das Mädchen der Mutter zu.

Da legten sie ihr das lange, weiße Gewand behutsam auf die Decke und schlichen, nachdem sie die Weihnachtskerzen angezündet hatten, leise hinaus.

„Du mußt, ehe wir fahren, noch nach den Kerzen sehen", sagte die Bäuerin vor der Tür zu ihrer Tochter. „Vielleicht schläft sie doch sehr lange!"

Der Krippengast

Die Christmette war vorüber, die Orgel verklang, die Lichter wurden gelöscht. Als die letzten Schritte verhallt waren und im Portalschloß draußen der Schlüssel knackte, hob das Dienstmädchen Barbara das Gesicht aus den Händen. Wie still es jetzt war! Der Pfeiler neben ihr verlor sich droben in einer unergründlichen Finsternis. Sie sah sich nach den anderen um, es war bei allen so, sie waren ein Teil der Nacht geworden, die ohne Grenzen ist. Gegen den Altar hin braute eine goldene

Dämmerung; dort lag noch der Weihrauch auf Stufen und Fliesen wie Engel, die nicht gehen mögen.

Niemand in der Welt weiß, wo ich jetzt bin, ging es der Jungfer Barbara durch den Kopf, und es freute sie, so allein zu sein, allein mit dem Heiland unter einem Dach. Wo gab es auch einen schöneren Platz für sie? Die Herrschaft hatte ihr freigegeben und ihr ein Bäumchen in die Dachkammer gestellt. Sie hatte die Kerzen angesteckt, aber dann war es über sie gekommen, das Gefühl der Verlassenheit, das ihr wie ein aufsteigendes Weinen die Kehle zuschnürte. Sie hatte singen wollen und konnte es nicht. Erst in der Mette ist ihr das gefrorene Herz aufgetaut, und erlöst hat sie ihre Stimme in den Jubel der weihnachtlichen Gesänge gemischt.

Da kniete sie nun in der großen Kirche, und es wurde ihr ganz sonderbar zumute, daß sie, ein Waisenkind, ein bettelarmes Dienstmädchen, eine ganze lange Nacht allein im Hause des Herrn blieb. Ach, sie hatte ja sonst so wenig Zeit für den Heiland, aber diese Nacht sollte ihm gehören, die Nacht, in der er Mensch geworden ist, damit er ganz nahe bei uns sei. Lange dachte sie über das Geheimnis nach, wie lieb es von ihm sei, daß er als ein kleines Kind gekommen ist, damit wir uns nicht fürchten, und daß es eine ganz unbegreiflich große Liebe ist, daß er dann unauffällig in der Hostie unter uns blieb.

Seitwärts steht die große Krippe. Der Schein des ewigen Lichts fällt auf das Antlitz der heiligen Jungfrau. Die Freude rötet ihre Wangen, denkt Barabara, da sie es sieht, die Freude und der Eifer, dem Christkind zu dienen. Sie muß immerfort in das holde Antlitz schauen, und ihr Herz entzündet sich an Mariens heiliger Freude. Einmal ist ihr, als habe die Mutter Gottes ihr zugenickt. Ja, jetzt wieder. Es ist wie ein Winken, daß sie kommen soll. Sie steht auf, langsam geht sie zur Krippe und kniet nieder. „Komm nur herein“, sagt Maria mit ihrer warmen, mütterlichen Stimme. „Du hast heute auch kein rechtes Heim. Uns ist es noch schlimmer gegangen. — Hab nur keine Angst, meine Tochter, mein Kind! Bist du nicht mein Kind, ein Marienkind? So will ich heute ein wenig für dich sorgen, weil du bei meinem göttlichen Sohn geblieben bist und vergessen hast, an dich zu denken."

Barbara stand an der Tür und wagte nicht einzutreten. Maria aber nahm sie bei der Hand und führte sie hinein. „Komm", sagte sie, „du sollst diese Nacht bei uns bleiben. Ich will dir eine Suppe kochen, wiege du mein Kind!"

Die Jungfer erschrak, als sie das hörte. „Ich das Jesuskind wiegen?" fragte sie scheu. Zugleich dachte sie, daß sich eine Krippe doch nicht wiegen läßt. Da stand sie vor dem Lager des Kindes, und es war eine blaue Wiege, auf der waren große, gelbe Blumen gemalt und kleine Vögel. Barbara schaukelte die Wiege leicht hin und her, doch wagte sie keinen Blick hineinzutun; sie sah nur immer, wie sich die Blumen neigten, als ginge ein Wind über sie, und wie die kleinen Vögel sich artig verbeugten. Indessen machte Maria die Milch auf dem steinernen Herd warm, brockte Weißbrot hinein, und dann gab sie es dem Mädchen. „Hier kannst du sitzen", sagte sie und wies auf eine Strohschütte, die neben der Wiege lag. Das Mädchen setzte sich und aß. Als sie die Schüssel leer gegessen hatte, legte Maria ihr ein Tuch unter den Kopf, strich ihr mit ihrer zarten Hand über die Augen und sagte: „Schlaf jetzt! Du hast mein Kind in Schlaf gewiegt, jetzt muß es ganz still sein. Es ist auch schon spät. Ich will über dir wachen — im Namen des Vaters und des Sohnes und des Heiligen Geistes."

„Amen", sagte Barbara. Dann wurde es ganz dunkel. Es war eine selige Dunkelheit, in der sie sich geborgen wußte wie in jenen Kindertagen, da die Mutter sie zu Bett gebracht hatte.

Als sie aufwachte, fand sie sich in einem weißen Bett, das stand in einem hellen Stübchen. Erstaunt blickte sie umher, es war ihr alles fremd; und sie schloß wieder die Augen. Nach einer Weile begannen die Glocken zu läuten, groß und mächtig, und dann ging die Tür, und eine Schwester huschte herein. „Wo bin ich hier?“ fragte Barbara. „Wie bin ich hierhergekommen?“

Die Schwester mit ihrer großen weißen Haube setzte sich an das Bett und erzählte. „Der Küster fand Sie heute früh ohnmächtig vor der Krippe in der Kirche. Bald danach kamen unsere Schwestern zur ersten Messe. Man hat Sie dann zu uns gebracht. Sie sind hier im Spital Unserer Lieben Frau.“

„Unserer Lieben Frau“, wiederholte Barbara. Tränen der Freude traten ihr in die Augen. „Sie hat mich eingeladen, Schwester“, sagte sie. „Sie hat mich sogar bedient, ich schäme mich, wenn ich daran denke. — Wenn ich ihr doch auch dienen könnte! Es wäre schön. Ein ganzes Leben lang.“

Die Schwester legte ihr die Hand auf die Stirn. „Jetzt werden Sie wieder ein bißchen schlafen“, sagte sie. „Wenn Sie sich erholt haben, können wir ja einmal darüber sprechen.“

Während das Mädchen einschlief, sang die Schwester leise ein altes Weihnachtslied. Die Worte der ersten Strophe verstand Barbara noch, und sie nahm sie mit in ihren Schlaf:

Laßt wiegen uns das Kindelein,
Sein Schaffnerin und Magd uns sein,
Im Himmel wird's uns lohnen
Mit einer güld'nen Kronen,
Jesus und Maria.

Das Kind auf dem Kirchhof

Einer jungen Witwe hatte der Tod das einzige Kind, einen Knaben von drei Jahren, geraubt, darüber war sie über die Maßen traurig. Nichts gab es mehr auf der Welt, an dem sie hätte Gefallen finden können, da ihr das Kind, ihrer Augen

Lust und ihres Herzens Freude, genommen war. Jeden Tag ging sie auf den Kirchhof zu dem kleinen Grabe und brachte Blumen, die waren von ihren Tränen naß. Dann saß sie viele Stunden auf der weißen Bank, die sie neben das Grab hatte stellen lassen, und sah das steinerne Engelein an, das da mit gefalteten Händen kniete. Und sie gedachte mit Wehmut all der lichten und lustigen Stunden, die sie mit dem Kind hatte, wie es auf ihrem Schoß gespielt und wie es die ersten Schritte getan hatte, die ersten kleinen Schritte von ihr fort, aber es war doch immer wieder zu ihr gekommen, immer wiedergekommen, und jetzt war es für immer fortgegangen. Da rannen von neuem ihre Tränen, die Traurigkeit umspann sie wie ein grauer Flor, der trennte sie ab von aller Welt. Sie hörte nicht die Vögel, die in den Rosenbüschen über den Gräbern sangen, sie sah nicht die Schmetterlinge, die sich auf den Blumen wiegten, und nicht die Mücken, die im roten Abendlicht auf und nieder tanzten. Sie sah auch nicht die Frau, die am Kirchhofstor stand und mitleidig zu ihr hinblickte, sie hätte wohl auch nicht auf sie geachtet, wenn sie dicht am Grab vorbeigegangen wäre. Am anderen Tage war die Frau wieder am Friedhofstor. Diesmal hatte sie ein Kind an der Hand, das machte sich, als es die Trauernde an dem Grab erblickte, los, und ging auf sie zu. Licht und schön wie ein Engel schritt es zwischen den Gräbern dahin, und als die Frau es sah, tat sie einen leisen Schrei des Erstaunens, denn es schien ihr, als käme da ihr eigen Kind, das sich für ein Stündlein Urlaub vom lieben Gott genommen hatte, um die Mutter in ihrem bitteren Schmerz zu trösten. Doch als das Kind vor ihr stand, sah sie, daß es wohl so groß wie ihr Junge, aber viel, viel schöner war, und da sie es betrachtete, entbrannte ihr Herz von großer Liebe für den fremden Knaben. Sie rückte auf ihrer Bank ein wenig beiseite, indem sie dachte, wie schön es doch wäre, wenn das Kind ein Weilchen neben ihr Platz nähme. Und wirklich, es kletterte auf die Bank, und sie half ihm dabei. Dann blickte sie sich um, ob des Kindes Mutter in der Nähe wäre, und sah die Frau am Kirchhofstor, die nickte ihr freundlich zu. Da faßte sie sich ein Herz und hob das Kind auf ihren Schoß. Und da es bei ihr saß und sich herzen und streicheln ließ, war ihr gar seltsam zumute, als säße ihr eigen Kind auf ihren Knien. Da gingen ihre Augen auf wie blaue Blumen, über die ein langer Regen gekommen war, und leuchteten wieder. Sie sah die Rosenbüsche, aber nicht die Gräber, aus denen sie wuchsen, sie sah die Blumen und die Schmetterlinge, wie sie die Flügel aufschlugen, daß man einen Blick hineintun kann wie in eine Truhe voll bunter Herrlichkeiten. Sie hörte wieder die Vögel singen und die Bienen summen, daß sie des Gottesackers und des kleinen Grabes ganz vergaß — sie saß auf einer weißen Bank in einem schönen Garten, und ihr Kindlein war bei ihr. So gingen die Stunden hin, und da es Abend ward, sprang der Knabe zur Erde und lief zu seiner Mutter, die nahm ihn bei der Hand und ging mit ihm fort. Des anderen Tages kam er wieder, und es war alles wie am vergangenen Tag. So ging es eine Woche lang, und der Witwe wurde es von Tag zu Tag leichter ums Herz.

Eines Abends, als das Kind auf ihrem Schoße sich schon anschickte, zu seiner Mutter zu laufen, fiel der Frau der Abschied seltsam schwer auf die Seele, und sie drückte den Knaben fest an sich. Da kam die Mutter von der Kirchhofsmauer zu ihr heran, und die Witwe sah, wie schön sie war, eines unvergleichlichen Kindes unvergleichliche Mutter! Sie wolle ihr Kind holen, sagte sie, und dabei streckte sie ihre Hände nach dem Buben aus, der sprang sogleich zu ihr hin. Da kamen der Frau die Tränen in die Augen. Des Kindes Mutter aber sprach mit dem Wohllaut der Güte in der Stimme: „Weine nicht, Frau, und warte auch nicht auf uns, wenn wir nicht wiederkommen. Das Kind wird dennoch bei dir sein. Ich sage dir, es wird näher bei dir sein, als es an diesen Tagen war, da es auf deinem Schoß spielte und sich von dir streicheln ließ. Des sollst du dich getrösten!“ Die Frau konnte das nicht verstehen, und sie glaubte den Worten nicht und weinte. Darauf sprach die Mutter des Knaben: „Auch andere Mütter haben ihr einziges Kind verloren. Denk daran und verzage nicht! Die Trennung dauert immer nur eine Zeit, und es kommt die Auferstehung. Ich weiß, die trauernde Liebe vergißt das leicht. Aber ich will dir sagen: das Wiedersehen gibt uns eine größere Freude, als wir je vorher an dem Kind hatten. Du wirst das alles noch verstehen. Bald.“

Die Frau auf der Bank hörte ihr mit großen Augen zu, wie im Traum sah sie die Fremde das Haupt zum Gruße neigen und sah, da sie durch das Tor gingen, noch einmal des Kindes holdes Angesicht nach ihr sich umwenden, und als sie ihren Augen entrückt waren, läutete die Glocke den Tag aus. Von einer frommen Begierde getrieben, stand die Witwe auf und folgte den beiden, und als sie um die Friedhofsmauer guckte, sah sie Mutter und Kind just in der Kirche verschwinden. Als sie nun auch hineinging, fand sie niemand darinnen. Sie kniete sich hin, sah das ewige Licht flackern, schloß die Augen, und ihr war so selig zumute wie vorhin, als sie das Kind noch auf dem Schoß hatte. Da wußte sie, daß es noch da war, daß es immer da sein würde. Und da sie das innig bedachte, vernahm sie in ihrem Herzen seine Stimme: „Ich will dich trösten, deine Tränen trocknen. Komm nur zu mir und laß dich nicht aufhalten, weder durch ein Grab noch durch sonst etwas!“

Sie kam zum Marienaltar und sah die Hochgebenedeite in ihrem blauen Mantel; sie hatte das gleiche gütige Lächeln wie die Mutter auf dem Kirchhof, da sie ihren Knaben abholte und ihr sagte, daß er ihr noch näher kommen würde, ganz nahe. Sie hatte es nicht glauben können, jetzt glaubte sie. Und sie kam fortan jeden Tag zum göttlichen Kind und nahm es in ihr Herz auf und fand in ihm Trost und Frieden. Und jeden Tag ging sie zum Marienaltar und grüßte die barmherzige Mutter.

Das Tausendgüldenkraut

Ein Bauer lag schwer krank darnieder, niemand gab noch einen Pfifferling für sein Leben, es war keine Hoffnung mehr. In seiner Not flehte er die Mutter Gottes um Hilfe an und versprach ihr, er würde den Armen tausend Gulden geben, wenn sie ihn wieder gesund mache. In der Nacht erschien ihm Unsere Liebe Frau und sagte, sie bringe ihm hier ein heilkräftiges Kraut, davon solle die Bäuerin Tee kochen und den solle er trinken. „Werde ich von dem Tee gesund?“ fragte der Bauer. Maria nickte und gab ihm eine Pflanze mit vielen kleinen rosaroten Blütensternen. Als er das Heilmittel in der Hand hielt, dachte er bei sich, jetzt könne er die tausend Gulden sparen. Maria aber erriet seine Gedanken und mahnte: „Die Armen nicht vergessen. Denk daran, was du versprochen hast!“ Der Mann tat erstaunt und zog die Augenbrauen hoch; dann fragte er: „Wem sollte ich wohl soviel Geld geben? Im Dorf haben alle Leute ihr Auskommen, ich kenne niemand, der soviel nötig hätte!“

„Niemand?“ fragte die Mutter Gottes, und ihre Stimme klang sehr ernst. „Denk einmal genau nach! — Ich will dir helfen. Weißt du nicht mehr, wo die Witwe mit den fünf Kindern wohnt? Voriges Jahr hast du Tag und Nacht an die Frau gedacht und mehr noch an ihren Acker. Den Acker hast du ja bekommen, weil du den falschen Eid geschworen hast, aber siehst du, jetzt bist du zum Sterben krank geworden, und es hat dir alles nichts genützt. Heute Nacht noch solltest du sterben, doch ich habe für dich gebeten, denn du mußt deine Untat wieder gutmachen. Darum sage ich dir, trinke den Tee von dem Kraut und dann stehe auf und gehe zu der Frau. Du wirst sie krank im Bett finden, die große Tochter auch, und die Kleinen können sich nicht helfen. Nimm Holz mit, denn sie haben kein Feuer im Ofen, nimm zu essen mit, denn sie leiden Hunger. Du mußt das alles mit eigener Hand tun und kannst niemand hinschicken an deiner Statt. Sage der Frau: ‚Im Namen Jesu komme ich, und im Namen Jesu bringe ich, was ich da habe.' Nicht die tausend Gulden tilgen deine Schuld, mit allem Gold der Erde könntest du sie nicht bezahlen. Darum mußt du es im Namen Jesu tun."

Der Mann schwieg und drehte das Kraut in seinen Fingern. Da sagte die heilige Jungfrau: „Wird es dir schwer, so will ich dir helfen, daß du es tun kannst. Du mußt es tun, anders kann dir nicht geholfen werden. Und nun gesegn' dich Gott, Mann!" Damit verschwand sie.

Kurz darauf kam die Bäuerin herein und sagte, es habe sie jemand gerufen, und der Bauer erzählte ihr, was geschehen war. Da kochte sie sogleich den Tee und gab ihn dem Kranken zu trinken, davon wurde er nach kurzer Zeit gesund. Als er wieder aufstehen konnte, ging er zu der Witwe und fand alles so, wie die Mutter Gottes ihm gesagt hatte. Und er brachte das Geld und einen Korb mit Essen und machte mit eigener Hand Feuer im Ofen. „Im Namen Jesu", sagte er leise, aber die Frau, die, seit er hereingekommen war, kein Auge von ihm gelassen, hörte es doch, und sie weinte vor Freude. Als er die Tränen der armen Frau sah, als die Kinder kamen und ihre kleinen Hände in seine große Hand legten und als dann alle mit gar kindlichen Worten dem himmlischen Vater dankten, da konnte auch der Bauer wieder beten, und er betete mit den Leuten. Jetzt war auch seine Seele gesund geworden, das fühlte er. Als er aus dem Haus ging, war ihm nicht wie einem, der etwas verschenkt hat, sondern wie einem ganz armen Menschen, der unvermutet einen großen Schatz gefunden hat.

Die Bäuerin erzählte den Dörflern von dem wunderkräftigen Kraut und von dem Tee und den tausend Gulden. Alsbald gingen die Leute hinaus und pflückten das Kraut und nannten es „Tausendgüldenkraut". Es hat seitdem vielen in ihrer Krankheit geholfen und wurde wegen seiner Heilkraft also hochgeachtet, daß, wer ihm zum erstenmal im Jahr begegnete, sich zu den rosaroten Blüten niederbückte und einen Kuß darauf hauchte. Und wenn ein Reiter daran vorbeikam, stieg er vom Pferd, pflückte sich ein Büschlein ab und steckte es an den Hut.

Die Preiselbeeren

In einem Walde lebte ein Klausner. Die armen Leute der Umgegend kamen oft zu ihm und klagten ihm ihr Leid; meist war es der Hunger, der sie plagte, denn das Land war unfruchtbar. Der fromme Klausner, der selber gar dürftig von Wurzeln und Waldkräutern lebte, machte sich um die Armut der Leute Sorge und dachte viel darüber nach, wie er ihnen helfen könnte. Der Wald bot nichts als Blätter und Wurzelwerk, kein einziges Beerlein ließ sich finden, sosehr der Einsiedler auch seine Augen umgehen ließ.

Als in einer argen Notzeit die Leute wieder zu ihm kamen und ihn flehentlich um Hilfe baten, sagte er ihnen, er wisse auch keinen Rat. „Da müssen wir halt zu unserer himmlischen Mutter gehen, die hat noch immer geholfen, wenn einer in kindlichem Vertrauen zu ihr gekommen ist.“ Und er lud die Armen ein, mit ihm in die kleine Kapelle zu gehen. Dort stand ein Bildnis der Mutter Gottes, das trug seit alten Zeiten ein Kettlein von roten Korallen um den Hals. Man erzählte, ein Seemann habe ihr die Kette umgehängt, weil ihn die heilige Jungfrau aus einem Seesturm gerettet hat. Die Leute knieten nun mit dem Klausner vor der Statue nieder und bestürmten mit inbrünstigen Gebeten die barmherzige Mutter, ihnen doch in ihrer Not beizustehen. Da löste sich die Schnur des Korallenkettleins am Hals des Gnadenbildes, und die roten Perlen kollerten mit leisem Klingklang zu Boden. Die Kinder, die mit ihren Eltern den Bittgang getan hatten, sprangen sogleich auf, krochen über den Boden und sammelten die Perlen, und der Einsiedler hielt seine Hand auf und ließ sie sich hineingeben, und dann steckte er sie in die Tasche seiner Kutte. Wenn er wieder allein war, wollte er sie auf einen neuen Faden reihen und der Mutter Gottes wieder umhängen. Doch er fand keine Ruhe dazu. Die ganze Nacht lag er wach, die Not des Landes, der Hunger der Leute ließ ihn nicht schlafen. Beim ersten Morgenlicht erhob er sich von seinem harten Lager und ging hinaus in den taufrischen Wald. Er hörte den Gesang der Vögel in den Bäumen, das leise Klingeln der Quelle zwischen dem Gestein, sah die Blumen, Immen und Schmetterlinge und konnte sich doch nicht daran freuen, weil er immer daran denken mußte, daß alle diese Schönheit nicht ausreicht, ein kleines Kindlein zu sättigen. Ach, dachte er, wenn der Waldboden, den so schöne Blumen zieren, doch nur Beeren trüge, was wäre das für die armen Leute eine Hilfe! Aber da ist nichts als Moos und Heidekraut und Farn und wie zum Spott die heiteren Blumen. Tränen traten ihm in die Augen und liefen ihm wie dicke Erbsen die Backen herunter. Unmutig riß er das große Sacktuch heraus. Aber er hatte nicht daran gedacht, daß die Korallen in der Tasche waren; ja, sie waren einmal darin, jetzt sind sie in alle Winde zerstreut, und er konnte suchen. Er strengte seine alten Augen an, kniete hin und tat Moos und Büschel mit den Fingern auseinander, aber seltsam, er fand nicht eine einzige Perle wieder. Er merkte sich die Stelle und ging in seine Klausnerei. Am Nachmittag würden die Kinder kommen, mit denen wollte er dann zurückkehren, die hatten bessere Augen als er und würden die roten Körner schon finden.

Und die Kinder kamen; kaum hatten sie gehört, was mit den Korallen der Mutter Gottes geschehen war, da stürmten sie dem alten Einsiedler voran in den Wald. Schon von weitem riefen sie ihm zu, sie hätten sie gefunden ... da und da und da. Und sie schrien und lachten und jauchzten. Der ganze Waldboden war voll von roten Körnern. Die waren aber nicht hart und beinern, es waren glänzendrote, reife Beeren. Das sind die Preiselbeeren, die hat die Liebe Frau den Menschen geschenkt, damit auch die ganz Armen, die kein Stücklein Land oder Garten ihr eigen nennen, im Sommer eine Ernte haben. Die Kinder, die damals die ersten Beeren gepflückt haben, nannten sie „Mutter-Gottes-Kirschen".

Marienfäden

An einem Nachmittag im Spätsommer ging Unsere Liebe Frau durch den Wald. Auf den Blättern spielte die linde Sonne, die Blumen blickten wie verzaubert in den Himmel, der über ihnen in seiner tiefen seidigen Bläue ausgespannt war, Friede war und Stille ringsum. Nur aus der Tiefe des Forsts klang das Hämmern des Spechts, und über die Rinde einer Tanne kratzte und raschelte ein Eichkätzchen. Als Maria näherkam, blieb es unbeweglich hocken und äugte staunend zu ihr hin. Die heilige Jungfrau nickte dem Tierlein zu und fragte, ob es denn schon genug Nüsse gesammelt habe und wie es mit der Polsterung im Winterbett stände, es würde heuer früh kalt. Dann nickte sie wieder, es war wie ein grüßendes Segnen, und langsam ging sie weiter. Ein Schmetterling taumelte gemächlich zwischen den Stämmen dem nahen Heideland zu. Maria sah ihm nach, da sie träumerisch dahinschritt. Mit einmal hielt sie an. Sie war ganz erschrocken. O, sie hatte ein Spinnennetz zerrissen, das war zwischen zwei Bäumen ausgespannt gewesen, jetzt hing es wirr und welk herab. Da stand sie und dachte nach, wie sie den Schaden heilen könne. Als sie genauer hinsah, merkte sie, daß nur der große Querfaden zerrissen war. Das ist freilich ein wichtiger Faden, auf dem das ganze Spinnenhaus aufgebaut ist; er gilt gerade soviel wie bei den Menschenhäusern die Grundmauer. Maria trug einen Mantel von weißer Seide, den nahm sie von der Schulter und zupfte einen Seidenfaden aus dem Saum, damit gedachte sie das herabhängende Netz wieder an seine alte Stelle zu bringen. Aber so zart auch der Faden war, er war doch noch viel zu grob für das hauchfeine Gewebe, und die Arbeit gelang ihr nicht, soviel Mühe sie sich auch gab. So ließ sie denn den widerspenstigen Faden in die Lüfte fliegen und zupfte einen neuen aus dem Mantelsaum. Mit dem erging es ihr nicht besser, er zerriß ihr unter den Fingern, und sie überließ auch ihn dem Spiel der Winde. Immer wieder versuchte sie es, alle ihre frauliche Sorgfalt und Geduld wandte sie auf und hielt ihre Finger wohl im Zaum, wie sie es bei der feinsten Stickerei am Hemdlein des Jesuskindes nicht besser getan, doch es nützte ihr nichts. Und wenn sie nicht die Gottesmutter gewesen wäre, so wäre sie wohl mißmutig und ungeduldig geworden und einfach fortgegangen. Doch sie blieb in ihrem demütigen Sinn bei ihrem Vorhaben, zupfte Faden um Faden aus dem Mantel, ließ Faden um Faden wieder davonfliegen, weil keiner für das feine Spinngewebe tauglich war.

Da kam die Spinne aus ihrem Versteck unter dem Blatt hervorgekrochen, und Maria sah, daß sie das Zeichen des Kreuzes auf ihrem Rücken trug. „Ach, laß nur“, sagte die Spinne. „Du wirst es nicht schaffen. Ich habe noch keinen Menschen gesehen, der so feine Finger hat, daß er unsere Fäden anrühren kann, ohne sie zu zerstören. Und gar ein Netz wieder flicken! Darum kümmert sich keiner, und ich bin erstaunt, daß du es versuchst. Das kann kein Mensch, da müßte schon der Herrgott selbst kommen. Oder du müßtest einen Faden nehmen, den Gott selber gesponnen hat. Es ist schade um deinen Mantel, aber schau, das ist Menschenwerk, und solche Fäden taugen nicht!"

„Einen Faden, den Gott selber gemacht hat?" überlegte Maria. Und dann wurde ihr Angesicht hell wie von einem Sonnenstrahl. Jetzt wußte sie es. Unter dem Kopftuch quoll ihr goldenes Haar, davon zupfte sie eins hervor. Da hatte sie einen Faden, den Gott selber gesponnen, mit dem ließ sich das zerrissene Netz leicht und ganz ohne Mühe wieder flicken. Als das getan war, grüßte Maria die Spinne und ging aus dem Wald. Der Abend war nicht mehr fern. Sie kam über die rote Heide, sie schritt an den abgeernteten Feldern vorüber, da sah sie überall die weißen Fäden ihres zerzupften Mantels im Winde langsam dahintreiben. Sie zogen sich schimmernd über die Stoppeln und verschönten das kahle Feld, sie hingen an den Sträuchern, wehten von Distelköpfen und Blumen und schwebten still über Wiese und Teich.

Seitdem kann man die silbernen Fäden jedes Jahr im Spätsommer durch die Luft fliegen sehen. Die Leute nennen sie „Marienfäden", aber sie wissen nicht mehr, warum sie so heißen, weil sie sich nicht denken können, daß die Himmelskönigin sich um ein armseliges Spinnennetz gekümmert hat und dafür ihren seidenen Mantel hingab. Sie meinen, Maria spinnt zu dieser Zeit die Erde wieder in ihren Frieden ein, und das ist auch wahr.

Das Aveläuten

Vor langen Zeiten ging ein frommer Bischof am Feste Mariä Verkündigung über eine Waldwiese. Es war ein gar schöner, stiller Abend. Die Erde schien den Atem anzuhalten, als lausche sie entzückt hinauf in den Himmel, an dem eine Schar

Lämmerwolken hinter der scheidenden Sonne herging. Der Friede und die Freundlichkeit Gottes war ausgegossen vom Himmel über die Erde, und der fromme Bischof gedachte der ewigen Schönheit, von der alles Reine und Edle kommt, und sein Herz ward bewegt von heiliger Sehnsucht. Er faltete die Hände, hob sein Angesicht auf und sprach: „Sei gelobt und gebenedeit, mein Gott, in deinem irdischen Himmel, darin malt sich wie in einem klaren Wasser der ewige Himmel. Sei gelobt und gebenedeit in deiner Menschheit, daraus strahlt wie aus einem Spiegel der Glanz deiner Gottheit. Sei gelobt und gebenedeit in deiner heiligen Mutter. Sie hat dich auf ihren Armen getragen und an ihrem Herzen gewiegt, sie hat mit dir gespielt und gesungen, von ihrem Munde hast du, ewiges Wort, die Worte der Zeit gelernt. Durch sie bist du unser Bruder geworden, sie aber ist durch dich unsere Mutter geworden.

O Königin des Himmels, Mutter des Schöpfers, alle Schönheit der Welt sei dir zu Füßen gelegt, alle Schönheit dieser Stunde sei dir wie ein Kranz junger Rosen aufs Haupt gesetzt. Eine solche Stunde mag es gewesen sein, als der Engel bei dir eintrat und dich grüßte. Ave Maria! Sei gegrüßt, edle Frau, im Gesang aller Vögel! Sei gegrüßt im Fließen aller Wasser der Erde, in der singenden Waldquelle, im Spiel der Wolken, in Laub und Gras. Sei gegrüßt im Summen der Bienen, im Flügelschlagen der Schmetterlinge, in allen Blumen, die da wachsen und sich auftun und im Wind sich rühren! Ach, gäbe es etwas, das die Menschen alle Tage ermahnte, deiner zu gedenken und dich zu grüßen, wie dich die Geschöpfe grüßen und wie dich der Engel des Herrn gegrüßt hat an diesem deinem Tage. Gib mir ein Zeichen, o Maria, ein kleines Zeichen, daß ich es den Menschen bringe…“

Er hielt inne und sah verwundert nach dem Wald. Da ging die allerseligste Jungfrau unter dem knospenden Buchenlaub, und jetzt kam sie auf die Wiese. Gesenkten Angesichts schritt sie dahin, und ihre Finger berührten leicht die Blumen, die sich ihr entgegendrängten. Vor ihr und zu den Seiten gingen Engel, auch die streiften im Vorübergehen die Blumen. Da hörte der Bischof ein feines Geläut über die Wiese klingen, das kam von den Blumen, die Maria und die Engel angerührt. Es läutete noch, als die heilige Jungfrau längst vorübergegangen und auf der anderen Wiesenseite im Wald entschwunden war. Der Bischof ging hinzu und besah die Blumen. Es waren blaue Glockenblumen. Das ist das Zeichen, dachte er und pflückte eine und nahm sie mit in die Stadt. Am anderen Tage ging er damit zu einem kunstfertigen Mann und hieß ihn, eine solche Blume, aber hundertmal größer, aus Metall zu machen. Auf der einen Seite sollen die Worte stehen: „Gegrüßt seist du, Maria!" und auf der anderen Seite: „Siehe, ich bin die Magd des Herrn!"

Dem Mann gelang mit Gottes Segen das Werk, und so entstand die erste Glocke. Der Bischof ließ sie vor jeder heiligen Messe läuten, aber er ließ sie auch abends läuten um die Stunde, da ihm Unsere Liebe Frau an ihrem Verkündigungstag erschienen war. Als nun die Leute zu ihm kamen und ihn fragten, was das Geläut am Abend zu bedeuten habe, lehrte er sie den Englischen Gruß beten. Das Gebet gefiel den Leuten sehr. Nach einiger Zeit kamen die Kinder zu ihm und baten ihn, auch am Morgen läuten zu lassen, daß sie beim Aufwachen gleich an Maria, den Morgenstern, dächten. Und wieder nach einer Zeit kamen die Arbeiter, die Bauern und die Mütter und baten, er möchte doch auch mittags läuten, sie mochten nicht essen und ruhen, ehe sie nicht die himmlische Mutter gegrüßt.

Nach und nach bekamen alle Kirchen Glocken, und diese Glocken läuteten am Morgen, am Mittag und am Abend den Gruß des Engels. Rings um die Erde geht der Ruf der Aveglocken, Tag um Tag, aus kleinem und großem Glockenmund, mit dünner, kindlicher Stimme und mit lautem Schall. Millionen Menschen hören es, und sie lassen all ihr Denken, Wünschen und Arbeiten, falten die Hände und grüßen Maria, die reine Frau, die uns das Heil gebracht.

Die Minneglocke

Ein junger Ritter hatte eine liebe Braut, die starb ihm vor der Hochzeit. Das nahm sich der Ritter so zu Herzen, daß er der Welt Valet sagte und sich in einen tiefen Wald zurückzog. Dort errichtete er neben einer ärmlichen Hütte eine Kapelle mit einem Türmlein, darin hing eine Glocke, die hatte der Ritter von purem Silber machen lassen. Es war auch ein wenig Gold darin, das er mit eigener Hand in die Glockenspeise geworfen hatte, das war der goldene Reif vom Finger seiner toten Braut und der Ring von seiner Hand. Morgens, mittags und abends läutete er die silberne Glocke. Wenn sie ihre liebliche Stimme erschallen ließ, schwiegen die Vögel im ganzen Wald, so weit der Glockenruf drang, der Specht ließ sein Hämmern, der Häher sein Schelten, das Mäuslein das Nagen, die Eichkatz das Knabbern, alle Tiere horchten auf das wundersame Singen der kleinen Glocke. Dem Einsiedler aber war, als klängen die zwei Ringe, die in der Glocke enthalten waren, und als klängen zugleich die zwei Herzen, die der Meister Tod nur schlecht getrennt — kling und klang, das lichte und das finstere, das erlöste und das zurückgebliebene, das rufende und das verlangende. Durch jedes Klingklang ging ein Zittern, und das Zittern erfüllte die Luft und traf den einsamen Mann, der mit finsterem Angesicht das Glockenseil zog.

Weil der Einsiedel schon als Page die Himmelskönigin zu seiner Herrin erkoren hatte und ihr auch im Walde die Treue hielt, half sie ihm sein Herzensweh überwinden. Immer mehr entschwebte ihm das Bild der gestorbenen Liebsten, es wurde feiner und blasser, und allgemach verwandelte sich die Liebe des einstigen Ritters, kaum daß er es merkte, bis er einmal im Maimond, als er seinen kleinen Marienaltar mit Blumen schmückte, gewahr wurde, daß sein Herz nicht mehr von Leid um die heimgegangene Braut beschwert war, es schlug wieder frei und froh, seine Minne war wie eine Frühlingsblume vor der Himmelsjungfrau aufgeblüht. Und wie die Zeit hinging, entfaltete sich diese reine Blume immer prächtiger und düftereicher, und jedes Aveläuten seiner silbernen Glocke am Morgen, am Mittag und zum Tagesende war ein heller Lobgesang auf die wunderschön prächtige, himmlische Frau. Manchmal dachte er, wie schön es doch wäre, wenn die Glocke ihm auch in seiner letzten Stunde läuten würde, daß seine Seele mit ihren Klängen von hinnen ziehen könne, aber er konnte sich nicht denken, wer das tun sollte.

Eines Tages läutete er wieder, und sein Geist war, da er die Worte des Engels wiederholte, zur himmlischen Jungfrau erhoben. Da brachen zwei Räuber, die von der kostbaren Silberglocke gehört hatten, aus dem Gebüsch hervor und stießen ihm einen Spieß ins Herz. Mit dem Namen Maria auf den Lippen sank der Überfallene zu Boden und hauchte seine Seele aus. Das Glockenseil aber hielt er noch immer in Händen, und die Glocke läutete weiter, als wäre in den Armen des Toten noch Kraft geblieben, das Seil zu ziehen. Die Mörder versuchten, ihm das Seil zu entwinden, aber es ging nicht, da schnitten sie es über seinen Händen ab. Doch die Glocke läutete weiter. Die Männer starrten hinauf zu dem begehrten Silber, das da, von unsichtbaren Händen bewegt, hin- und herschwang, und plötzlich packte sie das Entsetzen, und sie liefen quer durch den Wald davon. Und die Glocke läutete weiter. Was ist das nur, dachten die wenigen Waldleute, Jäger, Holzer und Köhler, das Geläut will nicht aufhören, es klingt wie ein Hilfeschreien, so laut, so gell klang es noch nie. Sie eilten zur Klausnerei und fanden den Einsiedler in seinem Blut am Boden liegen. Und über ihm im Türmlein schwang die Glocke. Aber es war denen, die da unten standen und verwundert hinaufsahen, als rufe die Glockenstimme nicht vom kleinen Turm zu ihnen herab, sondern von weit her, tief aus dem Wald. Da sie dem Klang nachgingen, kamen sie zu einem Hügel, vor dem hielt die rufende Glockenstimme an. Und dort fanden sie hinter dichtem Gebüsch in einer Höhle die Räuber, nahmen sie gefangen und führten sie zur Klausnerei zurück. Vor den Augen des Erstochenen, die starr auf sie gerichtet waren, bekannten die Mörder ihre Freveltat. Da hörte die Glocke auf zu läuten. Die Übeltäter wurden noch zur gleichen Stunde in die Stadt vor den Richter gebracht. Als die Waldleute dann mit einem Priester zu dem toten Einsiedel zurückkehrten, sahen sie zu seiner linken Seite eine weiße Lilie aus der Erde aufsprossen; das war die Stelle, die von seinem Herzblut getränkt war. Da wußten sie, daß er mit reinem Herzen von hinnen gegangen war, und sie begruben ihn wie einen Heiligen.

Der Ring

Zu Mariä Himmelfahrt in der Frühe ging die Jungfrau Veronika über die Bergwiese im schönen Land Tirol und pflückte Blumen. Die Sonne war noch nicht aufgegangen, und sie ließ ihre Augen fleißig umgehen, daß sie die Blumen alle finde, die sie zu ihrem Weihbüschel brauchte. Neun Arten mußten es sein, die Alpenranke, das Hirschkraut, der Baldrian und der Beifuß, Wermut und Labkraut, die Aberraute, der Rainfarn und die Königskerze, die in die Mitte zu stehen kommt, weil sie den schönen Wuchs hat. Bei jeder neuen Art, zu der das Mädchen kam, sprach es den Bannsegen, wie ihn die Leute von alters am Büschelfrauentag auf den Wiesen gesagt haben: „Grüß dich Gott, du edles Kraut. Weißt nit, was Unser Lieb Frau Maria zu dir sprach, da sie dich abbrach für alles, was den Menschen schadet? Durch dieselben Wort' brech' ich dich ab im Namen des Vaters, des Sohnes und des Heiligen Geistes, daß du Vieh und Leuten heilsam seiest für alle Untat und alles, was Vieh und Leuten schadet. Amen!" Zum Schluß fügte sie noch etwas hinzu, das sie ganz allein der Mutter Gottes zu sagen hatte: „Und den Bräutigam, den ich nehmen soll, kann ich nit gern haben. Gib mir einen andern, den ich liebhaben kann. Wen du mir schickst, den will ich nehmen, denn ich glaube wohl, daß du mir keinen unguten schickst."

Als sie beim Amt in der Kirche ihren Strauß zur Weihe darbot, sah sie, daß ihr goldener Ring fehlte. Sie hatte ihn am Morgen, als sie zur Kräutersuche ausging, am Finger gehabt, so mußte er irgendwo auf der Wiese liegen. Sie suchte den ganzen Nachmittag, konnte ihn aber nicht wiederfinden. Darüber war sie nicht wenig traurig, denn die Mutter hatte ihr den Schmuck auf dem Sterbebett gegeben und einen besonderen Segen als Angebinde dazu, daß ihr der Ring Glück bringen solle, wie er ihr und der Großmutter Glück gebracht hatte.

In der Nacht erschien ihr die Mutter Gottes im Traum und sagte ihr, daß sie ihr Gebet auf der Wiese gehört habe. Sie wolle ihr einen Bräutigam schicken, den sie gewiß sehr liebhaben werde.

„Woran aber soll ich erkennen, daß es der ist, den du mir ausgesucht hast?" fragte Veronika.

Da tat Maria ihre Hand auf, und das Mädchen sah hinein. Drin lag der Ring, den es auf der Wiese verloren, und Maria sagte: „Der ihn dir bringen wird, der ist es." Darauf verschwand die Erscheinung.

Veronika war seitdem ruhig und vergnügt. Wenn ihr Vater sie drängte, den Mann endlich zu nehmen, den er für sie bestimmt hatte, sagte sie nur, sie liebe einen anderen. Wer es aber sei, wollte sie nicht sagen, sie hätte es auch nicht gekonnt, denn sie wußte es ja selbst nicht, und wartete in Geduld.

Zu dieser Zeit ging ein armer Bildschnitzer in den Wald. Er kam vom Wege ab und fand eine verlassene Klausnerei und dabei unter einer Buche ein altes Bildnis der Mutter Gottes. Die Figur war, wie der Künstler auf den ersten Blick erkannte, von edlen Formen, ihre Schönheit schimmerte noch durch das Gewirr der Geißblatt- und Brombeerranken. Das Schönste war das Lächeln, das ihre Lippen umspielte. Wem aber galt dieses feine Lächeln? Das Jesuskind war nicht mehr da. An seiner Stelle ruhte ein Vogelnest in ihrem Arm, daraus kam ein leises Gezirpe. Als sich die Alten zeigten, gab es ein mächtiges Geschrei im Nest. Es waren Elstern.

Gleich als der Bildschnitzer merkte, daß das Jesuskind fehlte, war ihm der Gedanke gekommen, ein neues Christkindel zu schnitzen, aber jetzt würde es keine Eile haben; die jungen Vögel waren der Mutter Gottes gewiß lieb genug, eine Zeitlang in ihrem Arm zu ruhen, und man hätte sie um alles in der Welt nicht stören mögen, wenn man das liebevoll ihnen zugeneigte Antlitz Mariens ansah.

Seit dem Tage ging der junge Herrgottschnitzer noch oft in den Wald unter die große Buche und horchte hinauf, ob es nicht bald still in dem Nest würde. Eines Tages war es so weit. Die Jungen waren ausgeflogen und die Alten trieben sich irgendwo im Busch herum. Da stellte er die Leiter, die er vor Tagen schon in die Klausnerei gebracht hatte, an den Baum und stieg hinauf. Zuerst wollte er den Arm der Mutter Gottes messen, daß er das Kindel nicht zu groß und nicht zu klein mache. Wie er nun oben stand und in das leere Nest sah, blinkte ihm etwas Goldenes entgegen; es war ein kleiner, schmaler Ring. Das muß Veronikas Ring sein, ging es ihm sogleich durch den Kopf, der Ring, den sie auf der Wiese an

Mariens Auffahrtstag verloren hatte. Das ganze Dorf wußte davon, und es war gesagt worden, daß, wer ihn finde, ihn selbst bringen sollte. Veronika! Der Bildschnitzer stand da oben auf der Leiter unter der Jungfrau lächelndem Angesicht und dachte an das Mädchen. Zum erstenmal in seinem Leben taten diese Gedanken seinem Herzen nicht weh, er hätte aber nicht sagen können, woran das lag. Er drehte das Ringlein zwischen seinen Fingern und dachte an den zarten Finger, den es bald wieder umschließen würde, und an die Hand, die dazugehört, ja, an die beiden Hände, die er so oft schon in der Kirche hatte beten gesehen. Wie mußten die streicheln und wohltun können! — Heftig schüttelte er den Kopf. Sie ist versprochen, sagte er. Ich werde ihr den Ring bringen und mir auch diesmal nichts anmerken lassen.

In seinen Gedanken hatte er ganz vergessen, wozu er gekommen war. Hastig stieg er von der Leiter, ging heim und kleidete sich sonntäglich an. Dann machte er sich auf den Weg zu Veronika. Sie kam ihm schon in der Tür entgegen. „Der Ring, der Ring!“ rief sie und lachte über das ganze Gesicht. Heimlich aber betete sie: „O Maria, besser hättest du es nicht machen können! Ich dank' dir, ich dank' dir!“

Dann saß der Bursche drinnen bei ihr und mußte erzählen, wo er den Ring gefunden hatte. Er verstand freilich nicht, warum das Mädchen auf einmal so ernst wurde. „Ja, die Mutter Gottes, die beste Mutter, die beste Mutter“, sagte sie ein über das andere Mal. Dann hielt sie ihre Hand hin, und der Bildschnitzer mußte ihr den Ring an den Finger stecken.

Wie es weiter ging, brauche ich nicht zu erzählen, denn jeder, der die Geschichte bis hierher gelesen hat, wird das gute Ende wissen, daß nämlich die beiden ein Brautpaar geworden sind. Am Tag vor der Hochzeit holte der Bildschnitzer die Muttergottes aus ihrer Einsamkeit im Wald und gab ihr einen Platz an der Hauswand, setzte ihr auch ein Dächlein über das

Haupt, daß der Regen und die Sonne ihr nicht schaden, und gab ihr das neue Jesuskind in den Arm. Veronika aber setzte ihr einen Kranz von weißen Rosen auf und stellte einen großen Strauß Ringelblumen vor sie hin.

Die Handschellen

In der Stadtkirche stand eine alte Statue der Mutter Gottes, die war vor langer Zeit, als die Stadt aus Feindeshand befreit war, vom Rat mit einer goldenen Krone geziert worden. Eines Morgens bei der Messe merkten die Kirchgänger, daß die Krone nicht mehr da war. Bald gingen allerlei Reden in der Stadt um, wer wohl den Frevel begangen haben könne. Wulf, der Schmied, wußte durch dunkle Andeutungen den Verdacht auf den Müller zu lenken, und obwohl jedermann wußte, daß Wulf des Müllers Feind war, schenkte man ihm Gehör und durchsuchte die Mühle. Es dauerte auch nicht lange, und die Krone wurde auf dem Grund eines Kleiekastens gefunden. Die Leute sagten dem Müller auf den Kopf zu, er und niemand anders habe das Schmuckstück, das Eigentum der Mutter Gottes, gestohlen. Als der Mann das hörte, erbleichte er und beteuerte bei Gott und allen Heiligen, daß er unschuldig sei und nicht wisse, wie die Krone in seinen Kasten gekommen sei. Aber, was er auch vorbrachte, es konnte ihm nichts helfen, er wurde, weil er die Mutter Gottes beraubt habe, zum Tode verurteilt. Auf dem Wege zum Galgenberg kamen sie an der Kirche vorüber, und der arme Müller bat, noch einmal hineingehen und beten zu dürfen. Die Richter gewährten es ihm und führten ihn in die Kirche, und eine große Volksmenge drängte nach. Da kniete der Mann in seinem Jammer vor der Mutter Gottes nieder und hob seine gefesselten Hände zu ihr empor, daß die Ketten klirrten. „O Mutter der Barmherzigkeit“, rief er unter Tränen, „du weißt, daß ich unschuldig bin, du weißt, daß ich alles, selbst mein Herzblut für dich hingeben würde, dir aber doch nichts wegnehmen könnte. Hilf meinem Weib, hilf meinen armen Kindern, die gar so früh schon vaterlos werden sollen. Wie oft schon habe ich die Hände zu dir aufgehoben, und du hast mich gehört und hast mir geholfen in deiner Güte. Schau, ich hebe heute meine Hände zu dir auf, und sie sind in Eisen geschlagen — um deinetwillen.“ Kaum hatte er das ausgesprochen, als sich die Fesseln an seinen Handgelenken lösten und klirrend auf die Fliesen fielen. Im gleichen Augenblick vernahmen die Leute einen gellenden Schrei, und als sie sich umwandten, sahen sie den Schmied wie in Krämpfen die Hände ringen. Wulf hatte, als er mit dem Haufen der Neugierigen in das Gotteshaus eingetreten war, aus Gewohnheit die Hände gefaltet, und jetzt, als die Ketten des Müllers fielen, bekam er die Finger nicht mehr auseinander. Blaß bis an die Lippen brach er in die Knie und bekannte vor allen Leuten, daß er der Dieb, der Müller aber unschuldig sei. Und die Stadtknechte kamen und legten Hand an ihn. Der Müller hob unter tausend Dankesworten die Handschellen auf und hängte sie der Statue über den Arm, damit jeder sie sehen und die barmherzige Mutter preisen solle.

Das Magnificat

In einem armseligen Häuschen am Rande der Stadt lag ein Greis im Sterben. Seine Kinder hatten ihn längst verlassen, niemand kümmerte sich um ihn. Aber er hatte eine mächtige Helferin, Maria, die Gottesmutter. Sie hatte ihn allezeit durch kleine und große Zeichen ihrer Fürsorge wissen lassen, daß sie ihn nicht vergessen würde, wenn auch alle Welt ihn vergaß.

Und jetzt, da er sein letztes Stündlein nahen fühlte, betete er ohne Aufhören, sie möchte ihn doch nicht ungetröstet von hinnen scheiden lassen und ihm einen Priester schicken. Seine Seele hungerte nach dem Himmelsbrot, er hatte auf Erden nur noch das eine Verlangen, mit dem Heiland vereinigt zu werden, daß er an seiner Hand sicher den Weg in die Ewigkeit beschreiten könne.

Auf der gleichen Straße, an deren Ende das Anwesen des armen Greises stand, wohnte in einem prächtigen Hause ein reicher Mann, der zur selben Zeit auf den Tod darniederlag. Schon seit zwei Tagen wußten alle, die um ihn waren, daß er dem Tode nicht würde entrinnen können. Die Seinen, voran seine Frau, baten ihn flehentlich, einen Priester kommen zu lassen, aber er, der sein ganzes Leben in der Sorge um Geld und Geschäfte, in Sünde und Gottesferne verbracht hatte, sträubte sich hartnäckig gegen eine solche Zumutung, er redete sich und den anderen ein, daß sein Stolz und die Treue gegen sich selbst es ihm verbiete, jetzt das zu verleugnen, worauf er mit gutem und sichtbarem Erfolg sein Leben aufgebaut habe. Unterdessen senkten sich die Todesschatten näher und näher auf ihn, die Zunge versagte ihm den Dienst, sein Gesicht versank schon für Stunden in Dämmernis, er konnte kaum noch ein Glied rühren. Da schickte seine Frau ohne sein Wissen ihre Zofe zum Pfarrer. Das Mädchen, das den geistlichen Herrn nicht antraf, nannte der alten Wirtschafterin den Namen des Sterbenden und die Straße und eilte wieder fort. Als der Pfarrer heimkam, hatte die Wirtschafterin den Namen vergessen und konnte ihm nur die Straße sagen. Nun machte sich der Priester, nachdem er in der Kirche den heiligen Fronleichnam geholt hatte, auf den Weg. In der angegebenen Straße fragte er den und jenen, der ihm begegnete, nach einem sterbenden Mann, zu dem er gerufen sei, aber niemand konnte ihm Auskunft geben. Schon war er fast am Ende der langen

Straße angelangt, als ihm eine Frau entgegenkam, die ihrer Kleidung nach den ärmeren Schichten der Bevölkerung anzugehören schien, deren Antlitz aber einen solchen Adel und eine so große Herzensgüte verriet, daß der Priester wie von einer leisen Stimme gerufen vertrauensvoll auf sie zutrat und auch an sie die Frage nach dem Sterbenden richtete. Da kniete die Frau nieder in den Staub und sprach flüsternd, indes ihre Augen von einem himmlischen Glanz erfüllt waren: „Sei gegrüßt, mein Jesus, in dieser Begegnung, sei gelobt und gepriesen wegen deiner großen Liebe, die dich drängt, zu allen zu gehen, die dich von Herzen rufen!“ Der Priester wunderte sich darüber, denn er trug die heilige Hostie in einer kleinen Burse verborgen an der Brust. Ehe er aber einen Gedanken fassen konnte, stand die Frau auf und wies ihm das kleine Haus am Ende der Straße; sie bedeutete ihm noch, er möge sich beeilen, wenn er nicht zu spät kommen wolle, neigte ihr Haupt gegen das heilige Sakrament und ging mit schwebenden Schritten weiter.

Der Priester fand in einer ärmlichen Stube den sterbenden Greis, spendete ihm die Sakramente und blieb dann an seiner Seite, denn er sah, daß der Tod zugleich mit ihm zur Tür hereingetreten war. In das bleiche Gesicht über dem rotgemusterten Kissen kam nach einer Weile regloser Versunkenheit Leben, die welken Lippen öffneten sich zu einer stammelnden, verwunderten Danksagung: „Nach menschlichem Glauben hätte ich es nicht glauben können. Ich hätte es wirklich nicht glauben können, Hochwürden. — Noch in der letzten Stunde — hat sie an mich gedacht — mir ihren lieben Sohn hergeschickt. — Weiß nicht, wie. — Weiß nicht, wie Sie hergekommen sind. — Wer — hat Sie gerufen?“ Er schüttelte leicht den Kopf, er wollte keine Antwort. „Werd' bald alles wissen. Ich bin so dankbar. — So dankbar!“ Seine Stimme wurde matter, sein Atem schwerer. Der Priester begann die

Sterbegebete zu sprechen. Der Kranke aber schien nach einem anderen Klang zu lauschen. Mit tonloser, flüsternder Stimme bat er den Geistlichen, er möchte doch den Lobgesang beten, das schöne Dankgebet, das Maria sprach, als sie den Heiland trug und zu Elisabeth kam. Und der Pfarrer betete: „Hochpreiset meine Seele den Herrn, und mein Geist frohlockt in Gott, meinem Heiland. Denn Großes hat an mir getan, der da mächtig und dessen Name heilig ist. — Die Hungernden erfüllt er mit Gütern, und die Reichen läßt er leer ausgehen ..." Als er diese Worte sprach, seufzte der Greis befreit auf und hauchte seine Seele aus. Seine Augen standen weit offen, und es war in ihnen ein Leuchten gleich dem Widerschein des ewigen Tages. —

Als der Pfarrer heimkam, berichtete ihm die Wirtschafterin, das Mädchen sei wieder dagewesen und habe einen Zettel hinterlassen, auf dem stehe der Name des Kranken und die Hausnummer, er möchte doch gleich hinkommen. Und ohne zu verweilen machte er sich auf den Weg.

Aus dem Zimmer, in das er geführt wurde, sah er zwei Ärzte mit hilflosem Gesichtsausdruck herauskommen, am Bett kniete schluchzend eine Frau, auf der anderen Seite stand eine Gruppe weinender Kinder. Der reiche Mann war mit seinem stolzen, verstockten Herzen vom ewigen Richter abberufen worden. Keiner achtete auf den Priester, er war überflüssig, niemand bedurfte seiner. Und traurig ging er wieder fort. Den ganzen Weg über kam ihm ein Vers nicht aus dem Sinn, der Vers, bei dem der arme Greis seine Seele in die Hände Gottes zurückgegeben hatte: „Die Hungernden erfüllt er mit Gütern, und die Reichen läßt er leer ausgehen." Wie er das bedachte, fiel ihm die Frau ein, die ihm den Weg zu dem verlassenen Kranken gewiesen hatte, und es kam ihm wie eine Erleuchtung, daß es die Mutter Gottes selbst gewesen war. Zu ihrem Lob hatte er dem Sterbenden das Magnificat beten sollen, und jetzt betete er es in tiefer Ergriffenheit noch einmal und pries mit den Worten der Hochgebenedeiten den ewigen Vater, der den Hoffärtigen widersteht, den Demütigen aber seine Gnade gibt.

Mariens Rosenhag

Der Graf von Berge kam nach langem Kriegszuge aus dem Sarazenenland heim auf seine Burg. Braungebrannt war seine Haut, in seinen Augen flackerte noch Brand und Krieg, ein wilder Bart machte sein Gesicht vollends fremd. Als ihn seine Frau, da er unerwartet bei ihr eintrat, erblickte, erschrak sie wider Willen, und als er sie mit rauhem Griff an sich ziehen wollte, schrie sie laut auf und riß sich los. Da erwachte ein schlimmer Argwohn in dem Mann. Sie hat die Treue gebrochen, zischelte der Teufel ihm zu. Sieh nur, wie blaß sie geworden ist! Sie kann dir nicht in die Augen schauen. Und der Jähzorn überkam den Ritter mit solcher Gewalt, daß er sein Schwert zog und es seinem Weib ins Herz stieß. Aber noch war sein Zorn nicht verraucht. Er nahm seine beiden Knaben und führte sie hinaus in die Wildnis, dort sollten sie von den Raubtieren zerrissen werden, daß ihn nichts mehr an sein Weib erinnere. Weit draußen in der Einöde ließ er die Kinder allein, schwang sich, ungerührt von ihrem Weinen und Flehen, auf sein Roß und sprengte davon. Es dauerte nicht lange, da kam eine schöne Frau zu ihnen; es war die Mutter Gottes, die nahm sie bei der Hand und führte sie zu einem Heckenrosenbusch, der übersät war mit duftenden Röslein. „Das sind jetzt eure Gespielen“, sagte die Frau und pflückte ihnen von den Blumen, die glatt und weich sind wie die Wangenhaut von Kindern und auch solche Farbe haben, weiß und rot. „Und das ist euer Tisch“, fuhr sie fort und wies auf den Anger; dort leuchteten Erdbeeren aus dem Gras, und die Knaben machten sich darüber her. Indessen ließ die Mutter Gottes den Rosenbusch wachsen und sich ausbreiten. Ehe der Abend kam, war eine dichte Hecke in weitem Kreise um die Kinder gewachsen, und kein wildes Tier konnte ihnen nahekommen.

Nach drei Tagen kam der Graf in die Gegend geritten. In schlaflosen Nächten hatte ihm das Geschick seiner Buben in grausigen Bildern vor der Seele gestanden, und jetzt hatte er keine Ruhe mehr. Vielleicht, so dachte er, finde ich noch etwas von ihnen, und er war sehr traurig. Als er den mächtigen Rosenhag erblickte, glaubte er, sich verirrt zu haben. Schon wollte er umkehren, als er aus dem Innern der Hecke ein fröhliches Lachen vernahm. Er band sein Roß an und bahnte sich mit dem Schwert einen Weg durch den Dornbusch, und als er ihn durchquert hatte, sah er seine Kinder im Gras sitzen; sie hatten die Hände voll Erdbeeren und aßen und waren guter Dinge. Voller Freude kam der Ritter hinzugesprungen, setzte sich zwischen die Kinder und drückte sie an sich. Dann mußten sie erzählen, wie es ihnen ergangen war. Da erfuhr er denn, daß eine gute Frau sie hierhergeführt hatte; jeden Tag war sie mit Milch und Brot zu ihnen gekommen, hatte auch mit ihnen gespielt und ihnen die reichen Erdbeerplätze gewiesen. Und nachts haben sie in ihrem Mantel geschlafen, so gut und warm.

„Das war Unsere Liebe Frau", sagte der Graf, und die Kinder nickten eifrig. Niemand anders kann es gewesen sein. Sie hat sie auch abends vor dem Schlafen geheißen, für die unschuldige Mutter zu beten.

„Unschuldige Mutter!" wiederholte der Graf und seufzte tief auf.

„Ja", fuhren die Buben fort, „und dann mußten wir auch für den Vater beten, der gegen die Sarazenen gekämpft hat."

„War sie da nicht ein bißchen böse?" fragte der Vater.

„Hat sie nicht gesagt, wie finster seine arme Seele geworden ist?“

„Nein, sie hat nur gesagt, sie will uns eine Mutter sein, wir sollen das glauben, auch wenn wir sie einmal nicht mehr sehen.“

Als das der Graf hörte, wurde er ganz beschämt, und sein Herz ward von Reue bewegt. Von Stund an war er ein anderer Mensch. Er holte seine Knaben, die ihm die Mutter Gottes so treulich bewahrt hatte, dankbaren Herzens heim, nahm auch einen Zweig des wunderbaren Rosenstrauchs mit und pflanzte ihn auf das Grab seines Weibes. Der Zweig schlug Wurzeln bis zum durchstoßenen Herzen der Ermordeten, und jedes Jahr treibt er von neuem Blätter und Blüten. Als die Söhne erwachsen waren, ging der Graf zur Buße für seine Untat in die Einöde und erbaute sich eine Hütte in dem Rosenhag genau an der Stelle, wo er seine Kinder wiedergefunden hatte. Die Einsiedelei hieß „Mariens Rosenhag“.

Die Brotrinde

Es lebte ein Bauer, der war reich, aber in all seinem Überfluß sehr geizig. Kamen arme Leute zu ihm und baten um ein Stücklein Brot, so wies er sie mit Flüchen vom Hofe. Die Überreste der Mahlzeiten sollten, so befahl er, lieber in den Schweinetrog geworfen werden, ehe er sie hergelaufenem Gesindel gäbe. Der Bauer hatte ein Töchterchen mit Namen Mechthildis, das hatte ein gutes, reines Herz. Manchmal ließ ihr der Vater Puppen und Spielsachen aus Kuchenteig backen und gab ihr auf, damit zu spielen. Doch sie stahl sich vom Hof und ging in die Hütten der Armen, dort schenkte sie das Backwerk den hungrigen Kindern. Eines Tages war ihr der Vater heimlich gefolgt. Als er sie in das Haus eines armen

Taglöhners eintreten sah, schlich er ihr nach, und eben als sie die Wecken an die vielen Kinder austeilen wollte, erschien er in der Stube. „Habe ich dir dafür das Zeug backen lassen?" schrie er, rot vor Zorn, griff in ihre Schürze und warf das Gebäck eins nach dem andern durch das offene Fenster in den Schmutz der Straße. Kaum hatte er das letzte Stück fortgeworfen und das Mädchen vor sich her aus der Stube gestoßen, als sich schwarze Wolken zusammenballten und Himmel und Erde verfinsterten. Der Bauer und sein Kind waren noch nicht weit gekommen, da prasselte der Hagel auf die Erde. Die Körner waren so groß, daß sie erschlagen worden wären, wenn sie nicht eiligst im Taglöhnerhaus Schutz gesucht hätten. Der Zorn des Bauern war plötzlich verraucht, die Häuslersleute sahen ihn mit blassem Gesicht am Fenster stehen und zuschauen, wie das Unwetter seine Felder zerschlug. Das Mädchen Mechthildis aber betete mit den Kindern. Als sich die schwarze Wolke verzogen hatte, war nichts Grünes mehr zu sehen, selbst die Blätter an den Bäumen waren vom Hagel abgeschlagen worden. Und als der Bauer mit dem Kind zu seinem Hofe zurückging, mußten sie durch fußhohes Eis waten, das Land war nicht wiederzuerkennen, von der Erde wehte ein kalter Hauch wie zur Winterszeit. Die Frucht auf den Feldern, das Obst auf den Bäumen, das Gemüse im Garten war dahin. Doch des Bauern Sinn blieb verhärtet. Aus eigener Kraft, so dachte er, wird er das Unglück bald verwunden haben, und er gab sich daran, von neuem zu säen, sobald es an der Zeit war. Die Saat ging auf, aber die Halme trugen lauter taube Ähren. So kam die Not auf den Hof und, als die Vorräte zu Ende waren, der Hunger. Das Gesinde verließ den gottlosen Bauern, und es kam so weit, daß das Mädchen Mechthild das Vieh hüten mußte.

Eines Morgens stand es auf dem Anger bei den Tieren und betete den Rosenkranz, und dabei flehte es zur Himmelskönigin, sie möchte doch Gott bitten, daß er seine strafende

Hand vom Hofe nehme. „Wenn Vater nicht rechtgetan hat, so will ich es sühnen", betete sie. „Ich will Tag und Nacht arbeiten, ich will alles, was mein ist, den Armen geben, nur laß uns nicht zugrunde gehen, du unsere Hilfe, unser Trost, und mach, daß Vater wieder beten kann!" Da kam die Mutter Gottes in Gestalt einer armen Frau des Weges. Bei der kleinen Beterin blieb sie stehen und fragte, ob sie nicht etwas zu essen haben könne, sie habe so großen Hunger. Ohne zu überlegen griff das Kind in die Schürzentasche und holte eine Brotrinde hervor, die gab es der Frau. „Mehr hab' ich nicht", sagte es traurig, „nehmt es nur!"

„Und du?" fragte die Mutter Gottes und nahm das armselige Brotstücklein.

„Ich?" Das Mädchen errötete und schlug die Augen nieder. Es mochte nicht gestehen, daß es nun hungern müßte, so sagte es: „Ich werde wohl etwas finden, Beeren vielleicht."

„Gutes Kind", sagte darauf die heilige Jungfrau. „Schau her, hier ist Brot, nimm es und iß!"

Als Mechthild den Blick erhob, war die Frau verwandelt, ein heller Schein umgoldete ihr Haar, ihre Augen leuchteten gar lieb, sie war schön wie eine Königin, wenngleich sie noch die armen Kleider trug. Es ging eine geheime Macht von ihr aus, daß das Mädchen die dargebotene Brotrinde wieder nehmen mußte. „Wer seid Ihr?" fragte es mit zitternder Stimme, und als es in die hellen Augen geschaut, gab es gleich selber die Antwort: „Die Mutter Maria gar?"

Die Frau nickte und sagte: „Wenn du heute abend heimkommst, sage deinem Vater, wem du begegnet bist. Er soll die tauben Ähren schneiden und die unnütze Ernte einbringen als eine Buße für seinen Frevel. Dann soll er in Gottes Namen wieder säen. Wenn er über der neuen Saat beten kann, dann soll es eine gute Ernte geben, das will ich euch versprechen." Mechthild war, als sie das hörte, auf die Knie gesunken und weinte vor Freude, daß doch noch alles gut werden sollte. Als sie wieder aufschaute, war die Himmelsmutter nicht mehr da. Das Mädchen blickte in die Runde über Anger, Feld und Heide, die liebe Frau war wie ein Traumbild verweht. Da setzte es sich hin und aß von dem Brot und wurde satt, aber die Rinde war noch nicht aufgezehrt; und es aß am Nachmittag wieder davon und behielt noch einen Teil übrig. So ging es die ganze Zeit, bis der Bauer wieder beten lernte und der Segen Gottes auf seine Saaten kam.

Die Zuflucht der Sünder

Ein Student hatte als geplagter Famulus seinem Patron eine Zeitlang gedient. Es ging ihm aber dabei so schlecht, er bekam so viel Rippenstöße und Fußtritte, daß er das Ende des Dienstjahres nicht abwartete, sondern als Fuchs, wie er gekommen war, sich wieder davonstahl. Als ein rechter Bacchant schweifte er dann im Lande umher, hungerte heute, praßte morgen, bettelte oder stahl, wie es eben die Gelegenheit mit sich brachte. Bald fand er auf den Straßen und in Schenken Kameraden, die lehrten ihn, wie man die Bauern prellen und auf eine leichte Art ein gutes Leben führen kann. Er verkaufte gegen ein gutes Geld allerlei Zettel, auf denen in geheimnisvollen Worten beschrieben war, wie man sich gegen Beelzebub und seine Genossen, gegen die Zauberei der höllischen Geister und fuchsigen Weiber, gegen Brand, Pest und Unheil aller Art schützen könnte. Wer mehr erfahren und auch mehr zahlen wollte, dem erklärte der pfiffige Scholare die Himmelshäuser und Geistersiegel, und gegen einen Florentiner Goldgulden rückte er auch wohl eine Alraune heraus. Doch der Goldstücke regnete es gar zu wenige auf seinem Wanderweg, und als er eines Tages in eine kleine Stadt im Frankenreich kam, war er wieder so arm wie am Tage seiner Flucht aus dem Haus seines Leibburschen, er hatte nämlich nichts weiter als einen riesengroßen Durst; für eine Kanne Wein hätte er dem Teufel seine Seele verschrieben. Der lenkte denn auch seine Schritte so, daß er ihm unrettbar ins Garn gehen mußte.

Des Umherschweifens überdrüssig, verdingte sich der Vagant bei einem berühmten Alchimisten, der weihte ihn mit Fleiß in die Schwarze Kunst ein, lehrte ihn die Geheimnisse der Figuren, Siegel und Ringe bis zum mächtigen Schlüssel Salomonis, und als der Schüler alles wußte, machte er sich davon, schloß sich im Keller eines abgelegenen Hauses ein und mühte sich dort Nacht für Nacht in der Kunst des Goldmachens. Indes wachte in der Heimat seine alte Mutter, die durch Fahrende von dem losen Treiben ihres Sohnes gehört hatte; sie kniete, von einer bangen Ahnung gequält, bis lange nach Mitternacht vor der Mutter von der immerwährenden Hilfe und flehte sie an, ihrem Jungen Mutter zu sein in den Fährnissen der Welt und ein wenig auf ihn achtzugeben. „Er ist nicht schlecht“, sagte sie, „er ist nur verführt. Wie lange mag er sich gewehrt haben, der arme Bub! Vielleicht kann man auch nicht alles glauben, was die Leute von ihm erzählen! Ach, wenn ich nur bei ihm sein könnte, ihn nur einmal sprechen, ihn bloß ansehen. Dann würde er sicher zur Besinnung kommen. Aber ich kann ja nichts tun, ich weiß nicht einmal, wo er ist, ich kann gar nichts tun und würde doch mein Leben für ihn geben, wenn es ihm hülfe. Ich kann nur für ihn bitten und will nicht aufhören, dich zu bitten, o Maria, daß du ihm helfest und ihn bewahrest an meiner Statt...“ —

Der junge Schwarzkünstler hatte sein letztes Geld zur Ausstattung der Goldmacherwerkstatt geopfert, und als seine Versuche mißglückten, kehrte bittere Not bei ihm ein. Da sah der Teufel seine Stunde gekommen. „Ich weiß, wie du zu Gold kommen kannst“, flüsterte er ihm zu. „Ein Stümper bist du, quälst dich wochenlang. Wozu? Was hast du erreicht? Statt

Gold zu gewinnen, hast du den letzten Taler verloren. Ich wüßte einen Ausweg. Du könntest mit einem Schlage ein reicher Mann sein, wenn du nur wolltest. Im Schrank der Sakristei stehen die goldenen Gefäße reihenweise, du brauchst nur die Hand danach auszustrecken, und die Schätze sind dein!“

Eine kurze Zeit widerstand der Jüngling der Versuchung, als ihn aber der Hunger plagte, machte er sich eines Abends auf den Weg zur Kirche. Dort wollte er sich einschließen lassen und im Dunkel der Nacht den Sakristeischrank erbrechen. Auf der Straße begegnete er einer Frau, der er, als er an ihr vorbeiging, voll ins Gesicht blicken mußte. Es war, wie er in der leichten Dämmerung erkannte, ein blasses, verhärmtes Antlitz mit traurigen Augen, die schauten ihn so seltsam an, als wüßten sie alles. Nachher fiel ihm ein, daß die Mutter so ausgesehen hatte, als er von ihr Abschied genommen.

Ehe er zur Kirche kam, begegnete er der Frau noch einmal. Der Blick, mit dem sie ihn jetzt ansah, war wie ein Bitten und Beschwören, von seinem schlimmen Plan abzulassen. Er wäre auch beinahe umgekehrt, die Erscheinung machte ihn unsicher, verwirrt, aber der Teufel hielt ihm vor, er sei eine Memme, wenn er vor einem Weibergesicht davonlaufe. So trat er denn in die Kirche ein und duckte sich im Schatten eines Pfeilers in eine Bank. Die Frau war ihm unbemerkt gefolgt. Bald darauf erschien der Küster und rasselte am Portal mit den Schlüsseln. Da stand die Frau auf und ging zu ihm hin. „Es ist noch jemand drinnen“, sagte sie. „Ihr dürft nicht zuschließen, ehe er gegangen ist.“ Der Küster machte Licht und fand nach einigem Suchen den jungen Mann und wies ihn hinaus. Aber der Teufel ließ sein Opfer nicht fahren, noch in der nämlichen Nacht gab er ihm einen neuen Plan ein, wie er zu dem ersehnten Gold kommen könnte.

Am nächsten Tag besorgte er sich falsche Schlüssel und Werkzeug, damit ging er um Mitternacht vor die Sakristeitür.

Es war Mond am Himmel, aber der störte ihn wenig, denn dicke Wolken verhüllten ihn. Als er nun vor der Tür stand und die Schlüssel hervorzog, teilten sich plötzlich die Wolken, und das Mondlicht beschien ein steinernes Bild, das im Bogenfeld über der Tür stand. Es war eine Figur der Mutter Gottes, wie es solche an vielen Kirchtüren gab. Aber was war mit dieser? Schüttelte sie nicht das Haupt? Der Vagant riß die Augen auf. Nein, es war keine Täuschung. Dem Scholaren fiel die Frau mit den Zügen seiner Mutter ein, die ihm gestern begegnet. Auch jetzt wurde er wieder lebhaft an seine Mutter erinnert; sie hatte oft, wenn ihr etwas an ihm mißfiel, vor Schmerz nichts sagen können und nur kummervoll den Kopf geschüttelt wie die Madonna dort oben. Mit dieser leichten Bewegung sagte sie ihm deutlicher und eindringlicher als mit Worten: „Tu es nicht! Um alles in der Welt, tu es nicht!" Und er verstand diese Sprache, wie er einst die stummen Vorwürfe der Mutter verstanden hatte. Wie von einem Blitz erhellt lag sein verlorenes Leben vor ihm; es war ein einziger Weg hinab, dem Abgrund zu. Am Beginn des Weges stand die Mutter, sah ihm nach und weinte und rang die Hände. Und hier, nahe am Ende, stand die andere Mutter, die allein noch helfen kann, wenn auch die Kräfte der leiblichen Mutter versagen, Maria, die Zuflucht der Sünder. Er sah noch einmal zu ihr auf, dann fiel er auf die Knie und betete, wie er noch nie gebetet hatte. Er konnte es nicht begreifen, daß er so Ungeheuerliches hatte tun wollen. Reueschmerz packte ihn, und er bat unter Tränen die himmlische Mutter, sie möge ihm bei ihrem Sohne Barmherzigkeit und Vergebung erwirken. Lange kniete er so, indes seine Seele von der Gnade berührt wurde. Als er aufstand, war er ein anderer Mensch. Er ging heim in sein Kellergewölbe und vernichtete alle seine Instrumente, Retorten, Phiolen und Geheimbücher. Am anderen Morgen läutete er an der Klosterpforte der Minderbrüder und bat den Guardian, ihn als Novizen anzunehmen.

Die Sühnekapelle

Dreißig Jahre lang war Konrad, der Mörder, ruhelos durch die Welt geirrt, jetzt war er wiedergekommen, wie sie alle einmal wiederkommen, die da glaubten, ihrer Tat entfliehen zu können. Er sah sich um. Es hatte sich einiges geändert hier oben. Die Leute hatten eine Kapelle in die Einöde gebaut, am Mordplatz, ja, genau an der Stelle. Also dort war der Felsen, und davor müßte die hohe Tanne stehen, unter der es geschehen war. Er schloß die Augen. Da war das Bild wieder, das ihm seit dreißig Jahren im Gedächtnis nicht verblaßt war. Beim Vesperbrot war der Streit aufgekommen, der Zorn war ihm wie eine Welle von Blut in die Augen geschossen, und dann hatte er schon die Axt in den Händen und den Schlag geführt. Das letzte, was er gesehen, war der auftaumelnde Körper des Getroffenen, wie er gegen den Stamm der Tanne sank. Sie mochten die Leiche wohl erst am anderen Tag gefunden haben, da war er schon über der Grenze. Welche Angst hatte er damals ausgestanden! Das war jetzt vorbei. Dreißig Jahre ist eine lange Zeit, und der Staat will auch einmal vergessen. Aber er, der Mörder, hatte er vergessen? Was nutzte es ihm, wenn das Gericht die Akten verbrannte, und ihm war alles noch deutlich, überdeutlich in die Seele geschrieben! Warum hatte es ihn denn hergetrieben? Warum? Ruhe wollte er finden, wie der andere Ruhe hatte. Es wäre schön gewesen, wenn es an der gleichen Stelle hätte sein können, an der hohen Tanne, aber die war verschwunden, und jetzt stand die Kapelle da. Er las die Inschrift über der Tür. „Sühnekapelle" stand dort und einiges über ihre Errichtung und über den Mord. Seltsam, dachte Konrad, daß ich das so ruhig lese, als wäre es eine fremde Sache, die mich nichts angeht. Hier hat also ein sagenhafter Holzfäller seinen Kameraden mit der Axt erschlagen. Dann stand unter den Ästen der Mordtanne ein Frauenbildstock, die Leute kamen und beteten und wurden erhört, es kamen mehr und der Wunder wurden mehr, und dann haben sie halt die Kapelle gebaut. Wie das bei uns so üblich ist, bei uns da heroben.

Neugierig trat der Mann näher, klinkte die Pforte auf und ging hinein. Es dämmerte hier drin schon stärker, er konnte nicht viel gewahr werden. Die Luft des kleinen Raumes legte sich ihm schwer auf die Schläfen, eine lähmende Müdigkeit überfiel ihn, er spürte jetzt auch in seinen alten Beinen die Mühsal des Aufstiegs nachzittern. So drückte er sich in eine Bankecke und nickte ein. Ein paarmal schlug sein Kopf auf das Holz. Dann stand er auf und tappte mit unsicheren Schritten tiefer in die Kapelle, bis er an den Beichtstuhl stieß. Auf der breiten Stufe vor dem Gitter ließ er sich nieder, lehnte Kopf und Schulter in den Winkel und schlief ein.

In der Nacht, da er schlief, begann das Holz des Beichtstuhls zu sprechen: „Du bist heraufgekommen und suchtest die Tanne. Du hast sie gefunden, sie trägt dich jetzt. Ich bin nämlich die Tanne, ich bin das Holz, an dem du Menschenblut vergossen hast, ich war gerötet von diesem Blut. Bei mir suchte der Sterbende Schutz, seine Hände umklammerten mich, als hätte ich ihm helfen können in seiner Not. Ich habe sein letztes Wort gehört, ich empfing seinen letzten Seufzer. Weißt du, was er da sagte? Sein letzter Hauch war ein Wort der Vergebung für dich, seinen Mörder, war eine Bitte zu Gott, daß er dir verzeihe! Dann brach er zusammen, und meine Wurzeln tranken sein Blut. Das alles, seine Seufzer, sein Röcheln, sein Blut, ist in diesem Holz, an dem du jetzt ruhst und schläfst. Du schläfst sehr gut, du schläfst sehr tief. Sieh einmal hin, drüben am Altar die Mutter Gottes mit den sieben Messern im Herzen. Sie schläft nicht, sie hat die Augen offen, und aus den Augen rinnen immerfort die Tränen. Die sieben Messer hast du ihr ins Herz gestoßen, du, — du! —

Sie hat viel geweint und gewacht und gewartet. — Es ist gut, daß du gekommen bist!"

Ein Glöcklein bimmelte, als Konrad erwachte; zugleich fiel ihm ein, daß Sonntag war. Er hatte eben noch Zeit, sich zu erheben und in einer Bank Platz zu nehmen, als schon die ersten Männer kamen, Gebirgler, Holzfäller. O wie gut kannte er diesen Geruch, den die Leute da hereintrugen, den Ruch von Erde, Harz und Tabak! Er hörte das Klappern der Nagelschuhe, das Ächzen der Bänke unter dem Druck der harten Knie, das Klingeln der Rosenkränze. Aber er wagte nicht, jemand anzusehen. Links von ihm kniete einer nieder, dessen Hände konnte er sehen, sie waren wie Wurzelwerk. Solche Hände hatte er auch gehabt und ein Gesicht, gelb und spröde wie aus Holz geschnitzt. Die Jahre in den Städten hatten seine Haut geglättet, es würde ihn niemand erkennen.

Der Priester kam und verschwand im Beichtstuhl. Konrad tat einen scheuen Blick zum Gnadenbild, er sah die Messer grausam funkeln, helle Tränen standen in den Augen der Schmerzensmutter, und eine weiße Spur ging von den Wimpern zu den Mundwinkeln. Auf ihrem Schoß lag der tote Sohn. — Konrad dachte daran, daß er von seiner Mutter fortgegangen war wie in einen Tod, ja, er war für sie tot gewesen, nie wieder hatte sie von ihm gehört. Und dann war sie gestorben, ganz allein, sie war einfach verwelkt wie eine Pflanze am Fenster, die man von einem bestimmten Tag an zu tränken vergaß. Ja, das war der Tag, ohne den hätte sie vielleicht noch lange gelebt. Es fiel ihm ein, was er die Nacht im Beichtstuhl gehört: „Die sieben Messer, die hast du ihr ins Herz gestoßen, du!"

Wieder sah er auf und sah das durchstochene Herz und die Augen, die in Tränen schwammen. Konnte sie nicht auch einen Strich unter alles machen, wie der Staat es getan hatte? Schluß und Punkt. — Nein, das konnte sie nicht. Es mußte erst ein anderer ... Er blickte zum Beichtstuhl hinüber, zu dem Holz, das seine Sünden gesehen, in dem schon das Wort der Vergebung schlummerte und darauf wartete, in der Kraft Gottes lebendig zu werden, das Wort, das Größeres ausrichtet als Sieche heilen und Tote erwecken. Sonntag für Sonntag klang es durch das Gitter, und das Holz ward davon durchschauert: Ich spreche dich los von deinen Sünden im Namen des Vaters und des Sohnes und des Heiligen Geistes! — Welch ein Wort! Ich spreche dich los von deinen Sünden. Los von den Sünden. Frei! Begnadigt von Gott!

Die Männer haben alle gebeichtet. Der Priester lüftet den Vorhang und sieht da noch einen Mann, einen Fremden, lehnt sich in stillem Beten wieder zurück und wartet. Es dauert eine Weile, bis Konrad vor ihm kniet. Als er wieder aufsteht, blickt er zum Gnadenbild am Altar. Er kann es nur undeutlich erkennen, obwohl der Mesner inzwischen alle Kerzen angezündet hat. Er meint, die Mutter Gottes weint jetzt nicht mehr, aber er kann es wirklich nicht genau sehen, die Lichter flackern so, und in seinen Augen zuckt die Reue.

Der Versehgang

Ein alter Landstreicher zog in der frühen Dämmerung eines Dezembernachmittags unsicheren Schrittes seines Weges. Ihn fror, er war zum Umfallen müde. Seine Müdigkeit war von anderer Art als sonst, wenn es gegen Abend ging, es war Unruhe darin, zitternde Angst, ein Gefühl der Hilflosigkeit, wie er es noch nicht gekannt. Es ging wieder gegen den Winter. Wieviele Winter hatte er schon bestanden! Sie haben ihn nur zäher gemacht. Diesen Herbst, als die Bäume mit ihrem goldfarbenen Laub im Nebel ertranken, war ihm zum ersten Male der Gedanke gekommen, wie gut es doch wäre, wenn er jetzt nicht immer allein sein müßte, wenn es irgendwo eine Stube für ihn gäbe, einen Tisch und eine stille Arbeit, einen Ofen mit summenden Eisenringen, einen Menschen, mit dem man dies und das besprechen konnte. Oder wenigstens ein Tier, einen Hund, ja, nur einen Hund, dem man das Fell kraulen kann und der zu einem aufschaut, wenn man ihm ein gutes Wort sagt. So hatte er vor einigen Wochen gedacht, als er im Nebel wanderte, und dann waren wieder die langen einsamen Wege gekommen, Wege, die an vielen Häusern vorbeiführten und an vielen Menschen in warmen Stuben. Immer vorbei. Immer weiter. Und er hatte sich die Gedanken aus dem Kopf geschlagen, es waren kühne Träume gewesen, weiter nichts, kindische Träume. Jetzt waren sie wieder da, drängender als je. Er ärgerte sich darüber. Ach, er war müde, zum Sterben müde, das war es. Und plötzlich überkam es ihn wie eine lähmende Angst, daß er diesen Winter nicht überstehen würde. Er wankte unter den kahlen Apfelbäumen hin und sah sich nach einem Stall oder Schuppen um, doch weit und breit war kein Dach zu sehen. Da erblickte er rechts vom Wege unter einer mächtigen Buche ein Kreuz. Im sinkenden Licht des Tages erkannte er den weißlich leuchtenden Körper des Heilands, links in Mannesgröße Johannes und rechts die Mutter Gottes, die stand mit gefalteten Händen da und schaute zu ihrem gekreuzigten Sohn hinauf.

Erschöpft sank der Landstreicher auf die breite Bank vor der Kreuzigung und streckte sich aus. Und da er lag, brach ihm der kalte Schweiß aus allen Poren. Sooft ihn ein Windstoß traf, zuckte er zähneklappernd zusammen. Vielleicht kommt jemand des Wegs, dachte er, dann würde er rufen. Ob man ihn hören wird? Er versuchte einen Schrei, es war nur ein heiseres Stöhnen. Aber es mußte doch jemand kommen und ihn finden! Man wird mich ins Dorf bringen, überlegte er, in ein Dorf, von dem ich nicht einmal den Namen weiß; aber es sind doch Menschen dort, Wesen, die sich vielleicht erinnerten, daß er einer der Ihren ist, Christen. Christen! Seine Gedanken klammerten sich an das Wort, als könnte es ihm Halt und Trost geben. Er war kein guter Christ gewesen, das fiel ihm jetzt schwer auf die Seele. In der schönen Jahreszeit, wenn die Erde auch ihm vom Überfluß ihrer Frucht gab, hatte er selten des Herrgotts gedacht, aber es gab doch Zeiten, da hatte er zum Geber alles Guten gebetet, da war er ein armes, schwaches Kind zu den Füßen eines reichen Vaters, und dieser Vater hatte ihn, sooft ihn auch die Menschen verstießen, nicht verlassen und ihm allemal eine Herberge gegeben und ihn nicht verhungern lassen. Hatte er ihn heute vergessen? Sollte er sterben, von allen verlassen, auch von Gott? In seiner Not blickte er zur Mutter Gottes auf. Die Helferin der Christen, fiel ihm ein, Trost der Betrübten, Zuflucht der Sünder. Und er stammelte lange vergessene Anmutungen aus der Litanei, die seine Mutter jeden Samstag vorgebetet hatte. Bilder und Worte stiegen vor seiner heimwehkranken Seele auf — du elfenbeinerner Turm — du goldenes Haus — du Pforte des Himmels. Turm, Haus, Pforte. Und in allem schwang die Stimme der Mutter, bald wie ein fernes Geläut, bald wie ein Abendgesang, dann wie ein Schluchzen und Flehen.

„Mutter", sagte er still vor sich hin. Zugleich blickte er zur Mutter Gottes auf und betete zu ihr um Hilfe. Drüben stand Johannes, der war weit fort, hinter seinen Füßen, aber die schmerzhafte Mutter stand gleich bei seinem Kopf, sie brauchte nur einen Schritt herunter zu tun, dann war sie bei ihm. Aber wer bin ich, dachte er, wer bin ich, daß ich nur daran denke, sie könnte ihr liebes Kind einen Augenblick aus den Augen lassen und sich zu mir kehren! Doch schau, sie tut den kleinen Schritt, und jetzt steht sie neben ihm, beugt sich über sein verfallenes Gesicht ... Ach, er hat Fieber, das wird ein Traum sein. Aber es ist kein Traum. Maria ist herabgestiegen und macht dem Mann das Kreuzzeichen auf Stirn, Mund und

Brust, dann zieht sie ihr Kopftuch unter dem Kinn zusammen und macht sich auf den Weg.

Fast eine Stunde hatte sie zu gehen, bis sie ins Kirchdorf kam. Der Sturm heulte um die Hausecken und klapperte über die Dächer. Ein Fenster des Pfarrhofs war noch hell, dort klopfte sie an. Sie mußte noch einmal klopfen und ein drittes Mal, da ging das Fenster auf, und eine Männerstimme fragte in den pfeifenden Sturm hinaus. „Ein Sterbender . . ." sagte die Frau aus der Dunkelheit. Sogleich klang es zurück: „Ich komm' ", und das Fenster schlug zu. Nach einer Minute erschien der Pfarrer und klopfte den Küster heraus, indes die Fremde an der Pforte wartete. Sie kniete, als der Priester mit dem eucharistischen Heiland erschien, anbetend nieder, dann schritt sie voraus. Hinter ihr ging der Küster mit der Laterne und zuletzt der Pfarrer. Kein Wort fiel, keine Frage wurde getan, als die Frau das Dorf verließ und der offenen Landstraße zustrebte. Noch immer tobte der Sturm, aber jetzt war ein Singen darin wie von fernen Chören . . .

Als sie unter der Buche ankamen, fanden sie den alten Landstreicher vor Kälte halb erstarrt. Der Priester hörte seine Beichte und spendete ihm den Leib des Herrn. Tränen traten dem Kranken in die Augen, es beschämte ihn tief, daß der Heiland in dieser Sturmnacht zu ihm herausgekommen war, zu ihm, dem Verworfenen und Verlorenen, der so oft an den Kirchen vorbeigegangen war. Und Jesus hatte geduldig gewartet, bis zu dieser Stunde! Er konnte es nicht begreifen, die göttliche Liebe überwältigte sein armes Herz. Er wollte fragen, aber er konnte den Mund nicht aufkriegen, er wollte nach der Mutter Gottes unter dem Kreuze schauen, aber die Augen versagten ihm den Dienst. Er sah und hörte nichts mehr, spürte weder Sturm noch Kälte, er war ganz nahe am Ende seiner schweren Pilgerschaft.

Nach einer Weile erschien die Frau, nach der Pfarrer und Küster schon Ausschau gehalten hatten, an der Seite eines

Fuhrwerkes, das hielt vor ihnen an. „Er muß gleich ins Dorf gebracht werden“, sagte sie zu dem Priester. „Es ist Stroh auf dem Wagen. Sorgt gut für ihn, ich will es Euch lohnen!“ Und ehe der Pfarrer etwas entgegnen konnte, war sie entschwunden. Es war nun keine Zeit, sich darüber Gedanken zu machen, Küster und Fuhrmann hoben den Alten auf den Wagen, dann ging es ohne Säumen ins Dorf. Dort ließ der Pfarrer den Todkranken in sein Haus schaffen und in sein eigen Bett legen. Und er blieb bei ihm, ließ ein mildes Licht brennen und betete. Einmal fragte er, wer denn die Frau gewesen wäre, die den Gang zum Pfarrhof getan hatte. „Welche Frau?“ fragte der Alte, und dann schloß er die Augen, als suche er sich an etwas zu erinnern. Eine Zeit verstrich, da bewegte er wieder die blassen Lippen. „So war sie es doch. Ist heruntergekommen und ist fortgegangen und hat ihr eigen Kind allein gelassen! Wegen mir“, flüsterte er. „Wegen mir!“

Der Pfarrer legte den Arm unter das Kissen und bettete den Kopf des Sterbenden ein bißchen höher. „Ihr eigen Kind, sagt Ihr?“

„Ja, den Heiland am Kreuz, habt Ihr ihn nicht gesehen?“

„Doch, unter dem Baum. Die Mutter Gottes fehlte, ich hab' es gleich gemerkt, als ich hinkam.“

„Sie hat sich um mich gekümmert, um mich!“ jubelte der Greis mit versagender Stimme. „Mutter — Maria!“

„Bitte für uns Sünder, jetzt und in der Stunde unseres Todes“, fügte der Priester hinzu. Und der Sterbende sagte „Amen“. Es war schon innen, unhörbar. Dann entschlief er in den Armen seines letzten Herbergsvaters; der drückte ihm die Augen zu, faltete ihm die Hände, und als er überlegte, was er ihm noch Gutes tun könnte, fiel ihm ein, ihm seinen eigenen Begräbnisplatz zu geben.

WERKE VON OTTO GILLEN

Brannte nicht unser Herz?

Aussersinnliche Wahrnehmungen in christlicher Sicht

2. Auflage, 16. Tsd., 144 Seiten, DM 12.80/Fr. 10.80

Es beschäftigt sich mit Vorgängen und Geschehnissen, die dem Reich der Gotteserfahrung angehören. Stärkste Überzeugungskraft liegt in der Dokumentation, in der schlichten, wahrheitsgetreuen Wiedergabe gnadenhafter Begegnungen. Es ist also ein Buch der Zeugen und der Zeugnisse, vornehmlich unserer Tage. Erschütternde Beweise für die Wirklichkeit und Wirkungsmacht Gottes in einer Zeit des scheinbar alles beherrschenden Materialismus. Von der Macht des Gebetes, vom Wunder, von den Aussagen klinisch Toter, die wieder zum Leben zurückgeholt wurden, von den Geheimnissen der Tierwelt wird hier gesprochen. Sinn und Zweck des Buches: den religiös Verunsicherten wieder Boden unter den Füssen zu geben, den Zweifelnden Wahrheit, den Skeptikern Klarheit, den religiös Heimatlosen Geborgenheit in der absoluten Gewissweit, dass Gottes Macht und Gnade stärker sind als alle die Welt bedrohenden, dämonischen Mächte.

Der Mensch in Gottes Hand

Religiöse und mystische Erfahrungen in unserer Zeit

158 Seiten, 1 Abbildung, Paperback, DM 12.–/Fr. 9.80

Der Mensch lebt in einem unauslotbaren Geheimnis, im Geheimnis der göttlichen Nähe, im Anhauch der göttlichen Liebe, im Anruf der Gnade. Ständig sind wir in diesem Raum, meist ohne es zu wissen. Wie Blinde tasten wir durch die Zeit und könnten in einem Strom von Licht gehen! Besser verstehen zu lernen, wie wir von der Liebe Gottes getragen und von seiner Hand geführt werden, ist der Sinn dieses Buches. Wir können die unsichtbare Welt schauen wie durch einen Spiegel, die stumme vernehmen wie Musik, die unfassbare fassen, wenn wir uns vertrauend dem göttlichen Du öffnen; Gott ist immer bereit, sich uns mitzuteilen. In diese Richtung weisen die Aufzeichnungen des vorliegenden Buches von Otto Gillen. Gillen ist nicht nur Schriftsteller, er ist auch Charismatiker, und deshalb ist er der berufene Interpret religiöser und mystischer Erlebnisse und Bekenntnisse unserer Zeit.

CHRISTIANA-VERLAG CH-8260 STEIN AM RHEIN

WERKE VON OTTO GILLEN

Der Mystiker vom Bodensee

124 Seiten, 20 Abbildungen, DM 9.80/Fr. 9.–

Die Novelle beruht auf Erlebnissen und Erfahrungen, die uns Heinrich Seuse in seiner Lebensbeschreibung – übrigens der ersten in deutscher Sprache – hinterlassen hat. Seuse, ein Zeitgenosse von Meister Eckhart, zählt zu den grössten Mystikern. Kernstück der Novelle ist die Reise Heinrich Seuses aus dem Konstanzer Inselkloster über den Schwarzwald und den Rhein hinunter in das «heilige Köln» und zurück, mit allen Begegnungen, Überraschungen und Gefahren, die damals auf den Menschen unterwegs warteten.

Immer kann ich Dich ahnen...

3. Auflage, 15. Tsd., Format: 21×12 cm, 56 Seiten, 13 Fotos, DM/Fr. 6.–

Zum Meister des Wortes gesellt sich hier ein Meister des Bildes: Der bekannte Schweizer Fotograf Benedikt Rast hat die Aussagen des Dichters durch kongeniale Bildmotive optisch vertieft. Was Sigrid Lechner-Knecht in «Christ in der Welt» 5/79 über «Brannte nicht unser Herz...» schrieb, gilt auch für dieses Werk: «In dem Buch schwingt menschliche Wärme und Gottvertrauen. Es ist durchglüht von dem Wunsch, über die Enge des Ichs hinauszuwachsen, göttliches Einwirken zu erkennen und die Christuskraft einwirken zu lassen, um das Böse und Dämonische der Welt überwinden zu können.»

...nichts als Lobgesang

2. Auflage, 10. Tsd., Format: 21×12 cm, 56 Seiten, 10 Fotos, DM/Fr. 6.–

«Nichts als Lobgesang», das kann am Ende eines langen Weges nur einer sagen, der überwunden hat. Einige der Texte wird man sich am leichtesten meditativ erschliessen, zumal die Sprache bildhaft, klar und eindringlich ist. Auch hier zeigt sich in Gedankentiefe und Herzensreichtum die besondere Art Otto Gillens, der zu einem der bekanntesten religiösen Schriftsteller unserer Zeit wurde. In allen seinen Schriften öffnet Gillen Türen, die den ratlosen, fragenden Menschen aus Zwielicht und Zweifel heraus in eine lichte Weite führen. Und am Ende bleibt «nichts als Lobgesang».

CHRISTIANA-VERLAG CH-8260 STEIN AM RHEIN